企业管理知识读本

AN INTRODUCTION TO
ENTERPRISE MANAGEMENT KNOWLEDGE

王家彬 / 主　编

韩　璐　牛义周　徐　倩　曲　辰 / 副主编

北京牡丹电子集团有限责任公司 / 编

社会科学文献出版社
SOCIAL SCIENCES ACADEMIC PRESS (CHINA)

编 委 会

牡丹集团简介

北京牡丹电子集团有限责任公司（简称"牡丹集团"）成立于1973年，是中国著名的传统电视生产商，创造了家喻户晓的"中国之花"——牡丹品牌。

牡丹集团经过两次重大战略转型，现已成功转型为科技和信息服务提供商及科技孵化业务运营商，致力于成为新兴的智慧园区和智能制造服务平台（牡丹IMS智慧+平台）的运营和解决方案提供商。

面向未来，牡丹将顺应互联网、物联网、云计算等技术融合发展大趋势，持续打造牡丹IMS智慧+服务平台，为中国北京电子信息产业的发展做出新的贡献。

内容简介

　　企业管理是一门高级学问，企业发展离不开优秀的管理思想，更离不开先进的管理方法。作为知名电子信息企业，牡丹集团在 40 多年发展历程中，特别是在近十年的高精尖产业转型发展过程中，积累了很多优秀的企业管理经验。在这些经验基础上，参考国内外先进企业管理方法，形成了本书内容。本书主要在企业战略管理、企业文化管理、企业市场管理、企业组织管理、企业运营管理及企业项目管理方面进行了相关知识及应用方法介绍。每部分单独成体系，包含管理定义、理论发展阶段、逻辑框架及核心分析工具等内容。本书对初学者有一定指导意义，并可为从事企业管理工作的读者提供一些有益借鉴。

目　录

第一章　企业战略管理

第一节　企业战略概念

一个广泛流传的故事：

三年前，有三个人要被关进监狱三年，监狱长答应他们三个一人一个要求。

美国人爱抽雪茄，要了三箱雪茄。法国人最浪漫，要一个美丽的女子相伴。而犹太人说，他要一部与外界沟通的电话。

三年过后，第一个冲出来的是美国人，嘴里鼻孔里塞满了雪茄，大喊道："给我火，给我火！"原来他忘了要火。接着出来的是法国人，只见他手里抱着一个小孩子，美丽女子手里牵着一个小孩子，肚子里还怀着第三个。最后出来的是犹太人，他紧紧握住监狱长的手说："这三年来我每天与外界联系，我的生意不但没有停顿，反而增长了200%，为了表示感谢，我送你一辆劳施莱斯！"

这个故事告诉我们，什么样的选择决定什么样的生活。今天的生活是由三年前我们的选择决定的，而今天我们的选择将决定我们三年后的生活。

企业也一样，什么样的选择决定什么样的发展趋势，这就是战略！

企业战略概念

战略就是关于资源配置的规划：方向、方法和执行。就是找到自身向着什么方向、用什么方法，用限定的资源条件，实现预期目标。也可以认为是：战略＝目标＋执行。

> ➤　公司战略就是依据组织所拥有的资源勾画出组织的未来发展方向。
>
> ——安索夫和德鲁克

> ➤ 任何想要长期生存的竞争者，都必须通过差异化而形成压倒所有其他竞争者的独特优势。勉力维持这种差异化，正是企业长期战略的精髓所在。

——布鲁斯·亨德森（波士顿顾问公司奠基人）

> ➤ 战略就是将一个组织的主要目标、政策和行动过程整合为一个整体的方式或计划。一个明确的战略有助于组织根据自己的相对优势和劣势、预期的环境变动以及明智的竞争对手的以外举措来规划和配置资源。

——詹姆斯·布赖恩·奎因《应变战略：逻辑增值主义》

> ➤ 战略是目标、意图或目的，以及为了达到这些目的而制定的方针和计划的一种模式。这种模式界定了公司当前或将来从事的经营业务，并规定了公司当前或将来所属的类型。

——肯尼斯·安德鲁《公司战略思想》

第二节　战略管理的概念和意义

战略管理是确定企业使命，根据企业外部环境和内部经营要素确定企业目标，为保证目标的正确落实和实现进行谋划，并依靠企业内部能力将这种谋划和决策付诸实践，以及在实现过程中进行控制的动态过程。

- 为明确企业的发展指明方向
- 可以提高企业的预见性、主动性，克服企业的短期行为
- 企业战略管理有助于企业正确评价外部环境的危机与机遇
- 企业战略管理有助于明确企业核心能力，制定有效的战略活动领域，使企业获得长久的竞争优势
- 实行战略管理可以优化组合企业各部分职能，增强企业的执行力，营造企业文化

第三节 战略管理学派

根据亨利·明茨伯格的观点，战略管理学派分为十个学派：

> 设计学派：将战略形成看作一个概念作用的过程。
> 计划学派：将战略形成看作一个正式过程。
> 定位学派：将战略形成看作一个分析过程。
> 认识学派：将战略形成看作一个心理过程。
> 学习学派：将战略形成看作一个应急过程。
> 文化学派：将战略形成看作一个集体思维过程。
> 环境学派：将战略形成看作一个反应过程。
> 结构学派：将战略形成看作一个变革过程。
> 权利学派：将战略形成看作一个权力博弈过程。
> 企业家学派：将战略形成看作一个预测过程。

我们认为，战略管理还应该有一个学派，即资源学派：将战略形成看作用有限的资源实现预期目标过程。

第四节 战略管理理论发展阶段

□ 经典的战略管理理论阶段

经典的企业战略管理理论的核心是要求企业组织适应环境变化，组织内部结构也要随之发生变化。在战略实施过程中，企业组织结构势必要与企业战略相适应。其核心思想主要体现在三个方面：

（1）企业战略的出发点是适应环境；

（2）企业的战略目标是提高市场占有率；

（3）企业战略的实施要求组织结构变化及与之相适应。

□ 以竞争定位理论为基础的战略管理理论阶段

波特的竞争战略理论主要内容可以概括为如下三点：

（1）产业结构是决定企业盈利能力的关键因素；

（2）企业可以通过选择和执行一种基本战略影响产业中的五种作用力量（即产业结构），以改善和加强企业的相对竞争地位，获取市场竞争优势（低成本或差异化）；

（3）价值链活动是竞争优势的来源，企业可以通过价值链活动和价值链关系的调整来实施其基本战略。

□ 以企业核心竞争力为主要内容的战略管理理论阶段

企业核心能力理论认为，现代市场竞争主要取决于企业核心能力的竞争。企业经营能否成功，已经不再取决于企业的产品、市场的结构，而取决于其行为反应能力，即对市场趋势的预测和对变化中的顾客需求的快速反应。因此，企业战略的目标在于识别和开发竞争对手难以模仿的核心能力。另外，企业要获得和保持持续的竞争优势，就必须在核心能力、核心产品和最终产品三个层面上参与竞争。在核心能力层面上，企业的目标应是在产品性能的特殊设计与开发方面建立起领导地位，以保证企业在产品制造和销售方面的独特优势。企业核心能力是企业长期积累形成的一种独特能力，是企业持久获取利润的源泉。

第五节　战略管理逻辑框架

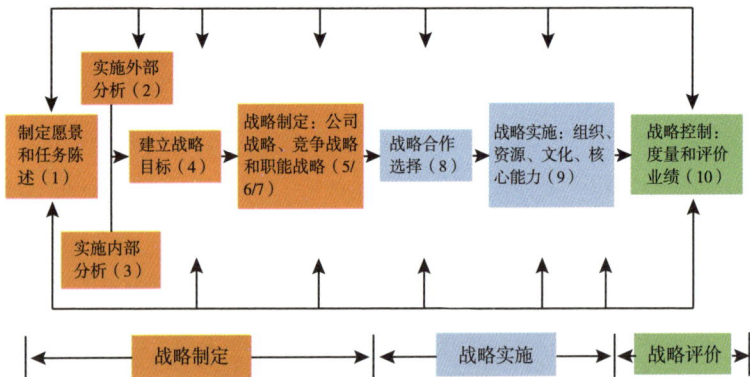

图 1-1　战略管理逻辑框架

第六节　核心工具与分析思路

一　PEST模型

1. PEST 模型——战略外部环境分析的基本工具，即通过政治（Politics）、经济（Economy）、社会（Society）和技术（Technology）四个角度或四个方面的因素分析从总体上把握宏观环境，并评价这些因素对企业战略目标和战略制定的影响。

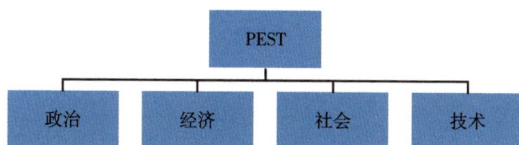

图 1-2　PEST 模型

2. PEST 模型分析思路

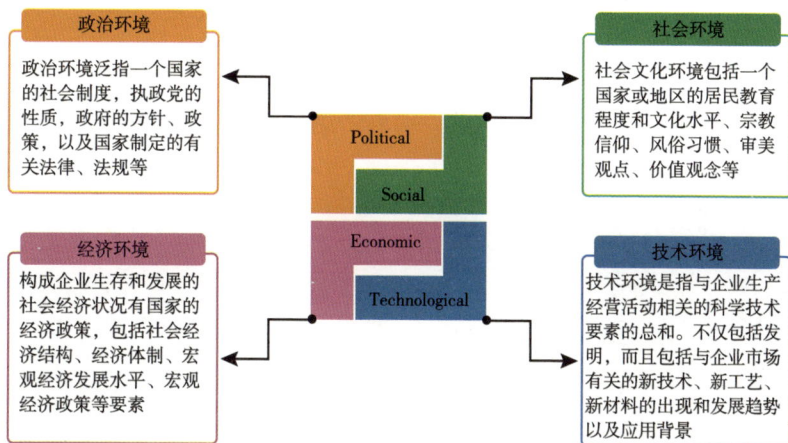

图 1-3　PEST 模型分析思路

二　五力模型

1. **五力模型**——波特认为，企业最关心的应该是它所处行业中的竞争强度。行业竞争强度高低是由五种基本竞争力所决定的。五种竞争力是同行业内现有公司间的竞争、潜在新进入者的威胁、替代品或服务的威胁、购买者的议价能力、供应商的竞争能力。

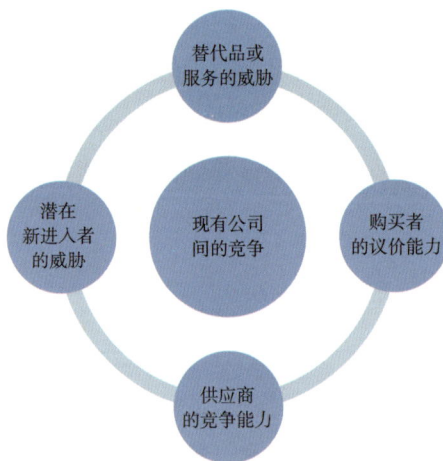

图 1-4   五力模型

2. 五力模型分析思路

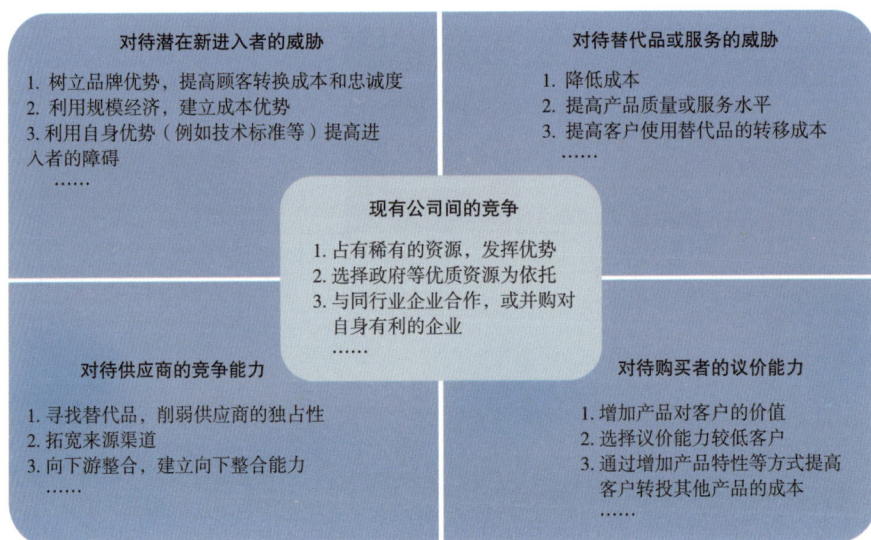

对待潜在新进入者的威胁

1. 树立品牌优势，提高顾客转换成本和忠诚度
2. 利用规模经济，建立成本优势
3. 利用自身优势（例如技术标准等）提高进入者的障碍
……

对待替代品或服务的威胁

1. 降低成本
2. 提高产品质量或服务水平
3. 提高客户使用替代品的转移成本
……

现有公司间的竞争

1. 占有稀有的资源，发挥优势
2. 选择政府等优质资源为依托
3. 与同行业企业合作，或并购对自身有利的企业
……

对待供应商的竞争能力

1. 寻找替代品，削弱供应商的独占性
2. 拓宽来源渠道
3. 向下游整合，建立向下整合能力
……

对待购买者的议价能力

1. 增加产品对客户的价值
2. 选择议价能力较低客户
3. 通过增加产品特性等方式提高客户转投其他产品的成本
……

图 1-5   五力模型分析思路

三 波士顿矩阵

1. **波士顿矩阵**——将组织的每一个业务（或产品）表示在一个二维矩阵图上，从而显示出哪个业务（或产品）提供高额潜在收益，哪个业务（或产品）是组织资源的漏斗，其实质是通过业务的优化组合实现企业现金流平衡。

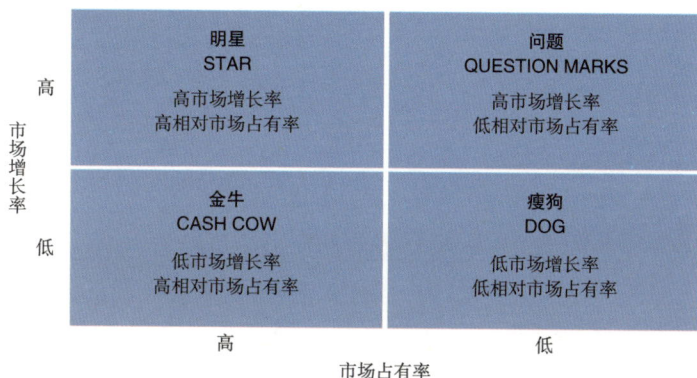

图 1-6 波士顿矩阵

2. **波士顿矩阵策略思路**

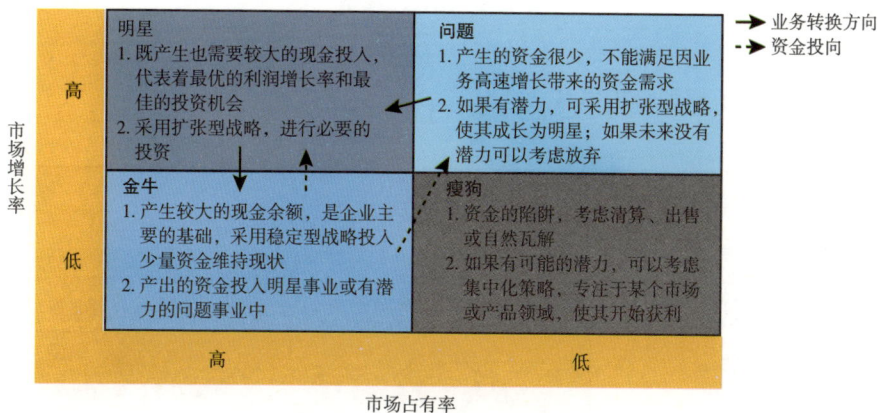

图 1-7 波士顿矩阵策略思路

四　SWOT模型

1. **SWOT 模型**——用来确定企业自身的竞争优势、竞争劣势、机会和威胁，从而将公司的战略与公司内部资源、外部环境有机地结合起来的一种科学的分析方法。

	优势	劣势
内部	1. 技术、专利优势 2. 品牌优势 3. 资金、资源优势 4. 行业领先地位 5. 客户忠诚度 6. 地缘优势 ……	1. 缺乏核心技能技术竞争力 2. 缺乏关键人才、团队 3. 资金、资源不足 4. 机制体制限制 5. 未曾涉及的领域缺乏经验 ……
	机会	威胁
外部	1. 市场需求扩大 2. 国家政策利好 3. 有降低成本的机会 4. 行业壁垒降低 5. 主要竞争对手被削弱 ……	1. 新进入者加剧市场竞争 2. 市场需求减少 3. 替代品或新技术冲击 4. 易受宏观环境和政策影响 5. 行业利润减少或成本提高 ……

图 1-8　SWOT 模型

2. SWOT 模型分析思路

内部条件 外部环境	优势 （Strength）	劣势 （Weakness）
机会 （Opportunity）	SO 战略 （发挥优势、利用机会）	WO 战略 （改变劣势、利用机会）
威胁 （Threat）	ST 战略 （发挥优势、规避威胁）	WT 战略 （克服劣势、规避威胁）

图 1-9　SWOT 模型分析思路

第七节　其他工具

一　战略钻石

一个好的战略应当包括一套完整的选择方案，这些选择包括五种战略要素——竞争领域、阶段、差异因子、途径和经济逻辑，只有考虑到这五个要素并相应给出答案，才能判断战略是否具有整体性，是否需要修订。

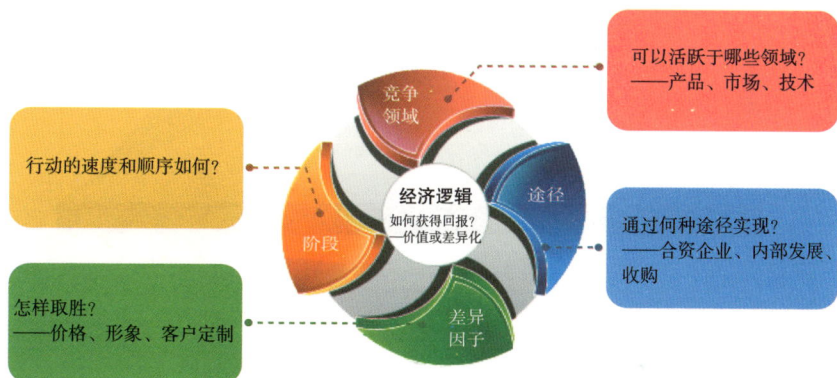

图 1-10　战略五要素

二　通用矩阵

可以用来根据各事业单位在市场上的实力和所在市场吸引力对这些事业单位进行评估，也可以表述一个公司的事业单位组合判断其强项和弱点。在需要对产业吸引力和业务实力做广义而灵活的定义时，可以以 GE 矩阵为基础进行战略规划。

图 1-11　通用矩阵

三　行业生命周期

行业从出现到完全退出社会经济活动所经历的时间。行业生命周期主要包括四个发展阶段：开发期（幼稚期）、成长期、成熟期、衰退期。行业的生命周期曲线忽略了具体产品型号、质量、规格等差异，仅仅从整个行业的角度考虑问题。

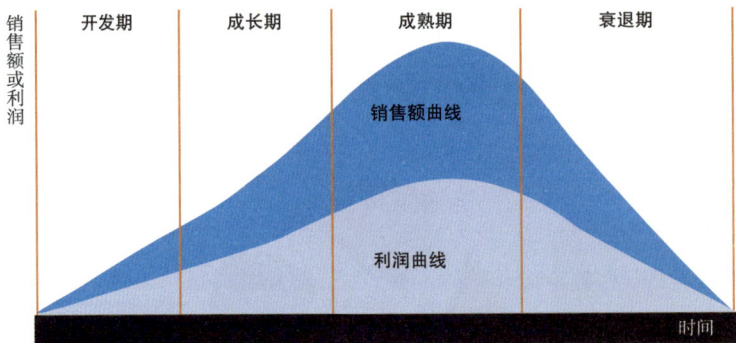

图 1-12　行业生命周期

四　3C（战略三角）模型

由日本战略研究领军人物大前研一（Kenichi Ohmae）提出，强调成功战略有三个关键因素，在制定任何经营战略时，都必须考虑这三个因素，即公司本身（Corporation）、顾客（Customer）、竞争者（Competitor）。同时这三个关键因素被称作 3C 或战略三角。

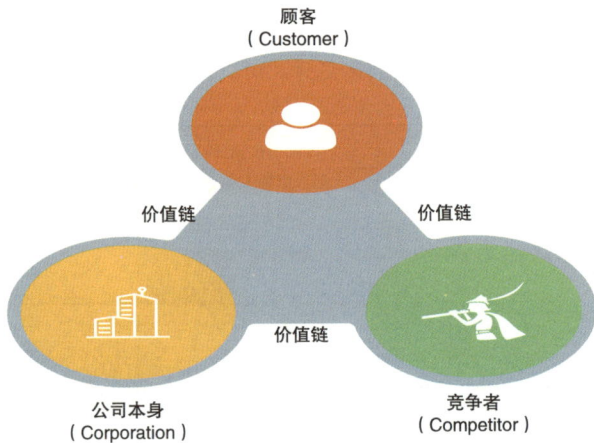

图 1-13　3C 模型

五　ECIRM战略模型

在系统研究欧美典型公司和中国本土大企业成长经验之后，和君咨询总结提炼出一个在中国商务环境下如何造就公司的一般模式。E 是企业家，C 是资本，I 是产业，R 是资源，M 是管理，它们构成公司战略不可或缺的五个要素或五个维度，共同耦合成为一个以企业家精神和企业家能力为核心的公司战略模型。

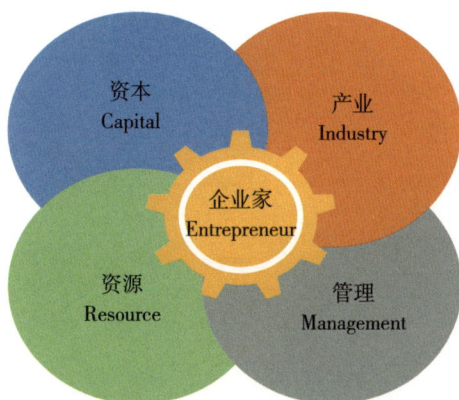

图 1-14　ECIRM 战略模型

六　波特竞争战略轮盘

将公司竞争战略诸多关键方面仅以一个简单轮盘来阐明的工具。轮盘中心是公司的总目标，辐条处理用来达到这些目标的主要经营方针。在轮盘的每一栏目下应当根据公司的活动简要说明在该职能范围中的主要经营方针。

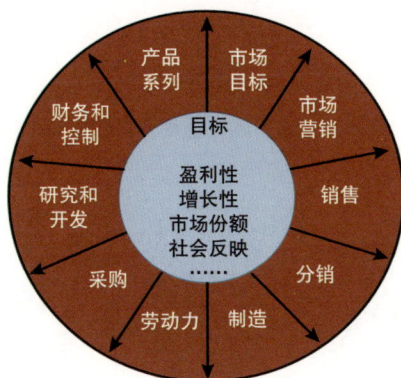

图 1-15　波特竞争战略轮盘

七 马利克通用管理模型

领导者从全局把控的一种方法，领导者应注重以下几个维度，外部要关注环境、策略和治理，内部要关注战略、组织结构和文化。只要管理者能够从这六个维度分别从企业外部和企业内部出发，即可达到管理的目的。

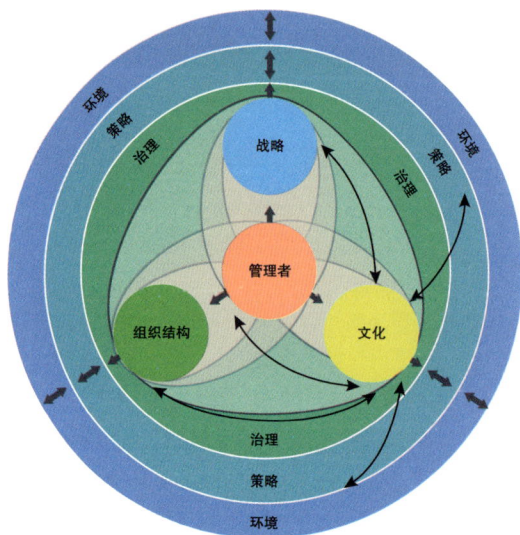

图 1-16 马利克通用管理模型

八 马利克资源价值模型

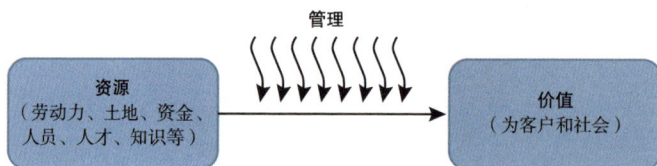

图 1-17 马利克资源价值模型

九 马利克双S曲线

马利克双 S 曲线充分说明了企业变革的重要性。若企业一直发展传统的业务，那么发展曲线就会逐渐下滑；想要持续发展，那么企业势必要进行变革，发展新业务来作为未来的根基，这样在传统业务与新业务的曲线交界中间就存在资源转移区，企业要加强资源配置，最终会形成一条优化发展之路，使企业始终保持着良好发展态势。

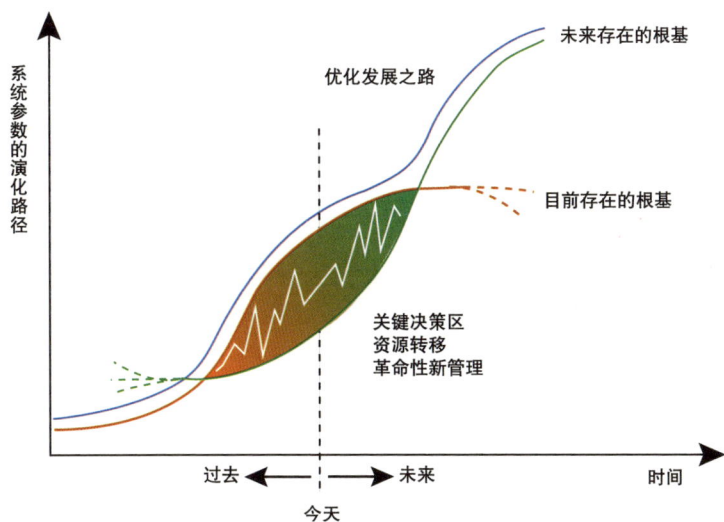

图 1-18 马利克双 S 曲线

十 有效管理的综合系统

马利克有效管理的综合系统是从组织相关和人员相关两个维度出发，分别在这两个维度下设置若干问题，通过对问题的思考和解析，达到企业综合管理的目的。

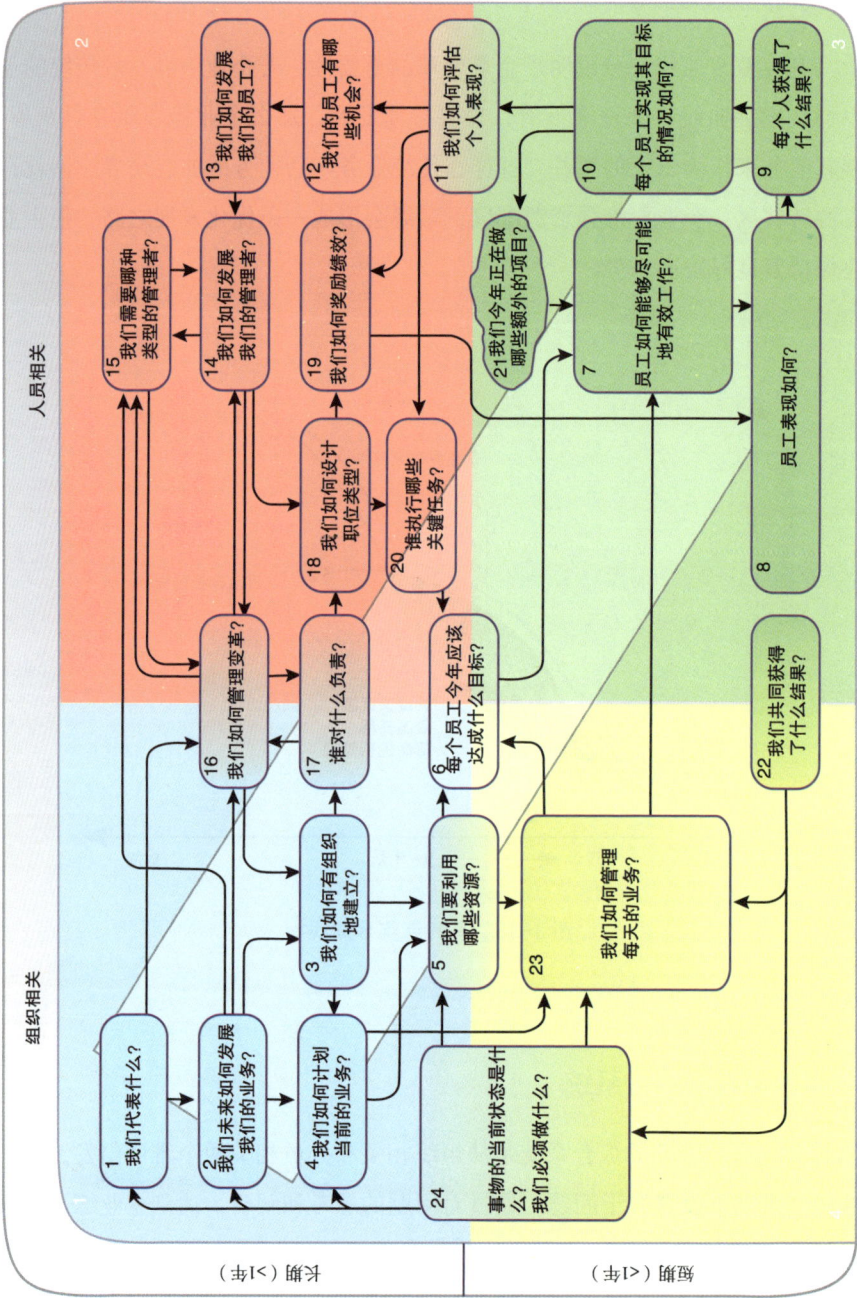

图 1-19　有效管理的综合系统

十一 关于企业的管理构成

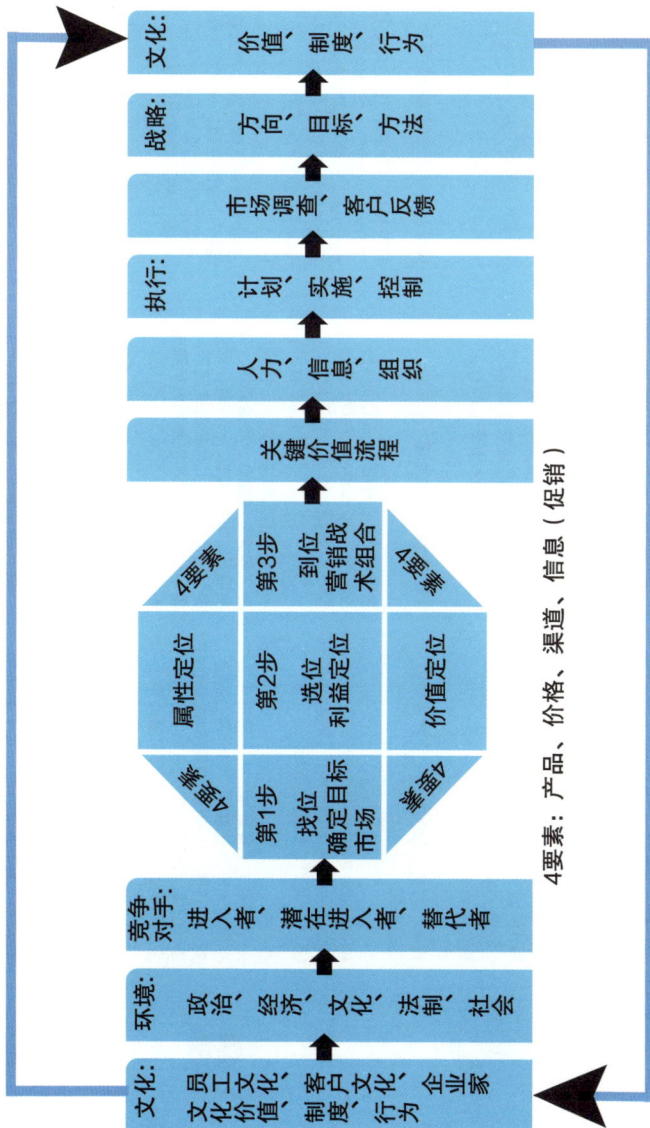

图 1-20 MD 企业管理构成图示

文化: 价值、制度、行为

战略: 方向、目标、方法

市场调查、客户反馈

执行: 计划、实施、控制

人力、信息、组织

关键价值流程

4要素 第3步 到位 营销战术组合 组合

属性定位 第2步 选位 利益定位 价值定位

感知 第1步 找位 确定目标市场 需要

竞争对手: 进入者、潜在进入者、替代者

环境: 政治、经济、文化、法制、社会

文化: 员工文化、价值、制度、行为、客户文化、企业家

4要素: 产品、价格、渠道、信息（促销）

战略定位： 立足发展科技和信息服务业，重点实施多中心、分散式、集团化发展战略，持续构建"一体两翼、三个SBU、四个实现途径"的产业发展布局，着力构建产业集聚生态空间，把牡丹集团发展建设成为具有全国影响力的"科技和信息服务解决方案及相关产品和技术供应商"。把牡丹集团打造成智能制造服务（IMS）解决方案的提供商。

产业定位： 科技和信息服务业

产业布局： 1234

商业模式（供给+平台）

战略体系： 支撑体系、运营模式、市场定位、创新模式

	科技服务板块	产品和技术板块	信息服务板块
	"一体两翼"： 1.一体（略）：多中心、分散式、集团化 2.两翼：创新科技平台（合）、创业孵化平台（通）	"三个SBU"： 1.数字网络系统（天） 2.数字应用终端（地） 3.数字文化创意（人）	"四个实现途径"： 云、网、端、管
	目标：打造"双创基地"，产业集聚生态空间	目标：提供解决方案	目标：构建工业制造服务平台（IMS）
	投资模式：TRIM，即Technology，Real estate，Investment，Market（技术、地产、投资、市场）	发展模式：C-NET，即Culture，Nature，Economy，Technology（文化、自然、经济、技术）	运营模式：TOPS，建立综合技术服务平台"Technology"、综合经营服务平台"Operation"、综合政策服务平台"Policy"、综合系统服务平台"System"
	一个国家工作实验室，两个产业联盟，一个博士后工作站，14个联合实验室、AVS和DTMB两个工程测试中心、37个国家和行业标准，两个国家级孵化器，一个中关村专业化园区，两个众创空间，十个服务支撑平台	一个智慧园区解决方案，云视频平台，多媒体电视台，智慧能源、公共服务，一卡通，云办公、智能停车，DTMB教育应用，智能监控，微信公众服务号和大数据舆情服务系统	数字城市综合体，20个产业集聚生态空间，若干产业集聚基地，IMS工业制造服务系统，AES农业生态服务系统，WOS智慧园区运营系统
	建立产学研联合基地 重：重资产综合经营	B-OTT:通过网络运营商，提供产品和服务支撑 轻：轻资产专业经营	O2O线上线下提供生产、生活、文化服务 虚：虚资产平台经营
	公共产品的企业政府市场B2（B or G）	企业居民消费市场B2（B or C）	虚拟市场B（B or C or G）
	技术标准化	标准产业化	产业服务化

图1-21　牡丹集团"十三五"期间集团化发展战略：1234发展战略

思考问题

1. 应用战略分析模型进行战略分析

（1）五力模型——行业竞争强度的高低是由五种基本竞争力所决定的。五种竞争力是同行业内现有公司间的竞争、潜在新进入者的威胁、替代品或服务的威胁、购买者的议价力量、供应商的竞争能力。

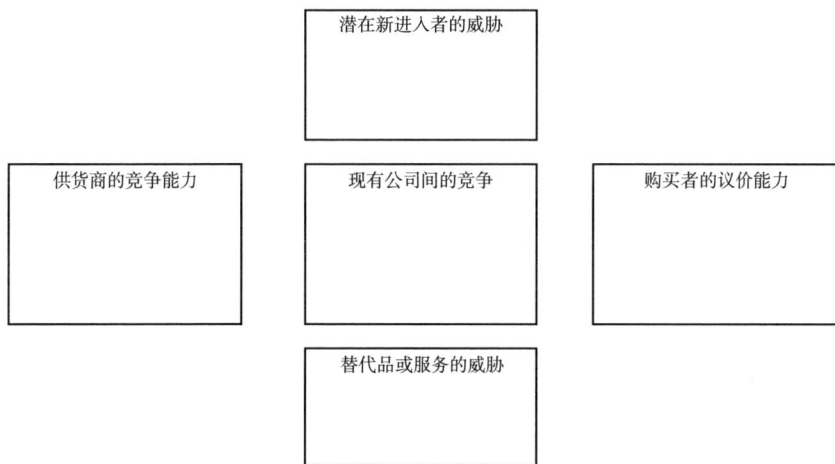

	潜在新进入者的威胁	
供货商的竞争能力	现有公司间的竞争	购买者的议价能力
	替代品或服务的威胁	

（2）SWOT模型——用来确定企业自身的竞争优势、竞争劣势、机会和威胁，从而将公司的战略与公司内部资源、外部环境有机地结合起来的一种科学的分析方法。

内部因素	优势（S）	劣势（W）
外部因素	机会（O）	威胁（T）

结论：本企业将选取以下哪种战略？

SO战略（发挥优势、利用机会） WO战略（改变劣势、利用机会）

ST战略（发挥优势、规避威胁） WT战略（克服劣势、规避威胁）

（3）波士顿矩阵——通过业务的优化组合实现企业的现金流平衡。

明星产品（stars）：高增长率、高市场占有率，这类产品可能成为企业的金牛产品，需要加大投资以支持其迅速发展。金牛产品（cash cow）：低增长率、高市场占有率，已进入成熟期，无须加大投资，使企业回收资金，支持其他产品，尤其是明星产品投资的后盾。问题产品（question marks）：高增长率、低市场占有率，前者说明市场机会大，前景好，而后者则说明在市场营销上存在问题，应采取选择性投资战略。瘦狗产品（dogs）：低增长率、低市场占有率，对这类产品应采用撤退战略。

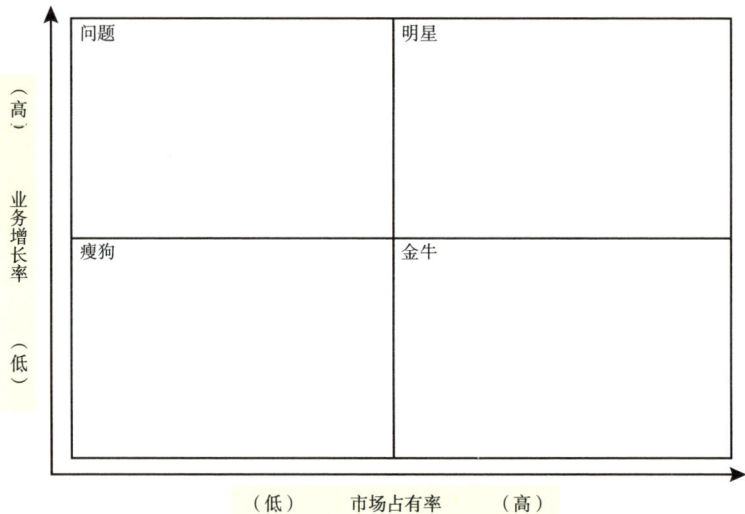

结论：对于矩阵中的各种产品，本企业的下一步计划是什么？

2. 通过模型分析，你们公司的战略是什么？

（在产品定位、市场定位、商业模式、运营模式等方面进行分析说明）

3. 企业经过上一阶段发展之后，战略是否得到很好的执行？

（对成功之处和失败 / 不足之处等方面进行分析）

4. 通过对战略进行评价，是否对战略进行调整？

（请选取合适的模型进行重新分析）

第二章　企业文化管理

第一节 企业文化的概念和内容

一 企业文化

西方学者	威廉·大内	一个公司的文化由其传统和风气所构成，还有价值观，如进取、守势、灵活性，即确定活动、意见和行为模式
	特雷斯·迪尔和阿伦·肯尼迪	价值观、英雄人物、习俗仪式和文化网络是其四个必要因素，而企业环境则是形成企业文化唯一的而且又是最大的影响因素
	埃德加·沙因	企业文化是企业（群体）在解决外在适应性与内部整合性问题时习得的一组共享假定

我国学者	胡正荣	企业文化作为一种亚文化，是属于组织文化的一个子概念，它是在一定的社会历史条件下，企业生产经营和管理活动中所创造的具有本企业特色的精神财富和物质形态
	刘光明	企业文化是一种从事经济活动的组织中形成的组织文化，它所包含的价值观念、行为准则等意识形态和物质形态均为该组织成员所共同认可
	罗长海	企业文化是企业在各种活动及其结果中，所努力贯彻并实际体现出来的以文明取胜的群体竞争意识，并且表现为企业的总体风采和独特的风格模式
	张德	企业文化是指全体员工在企业创业和发展过程中，培育形成并共同遵循的最高目标、价值标准、基本信念及行为规范

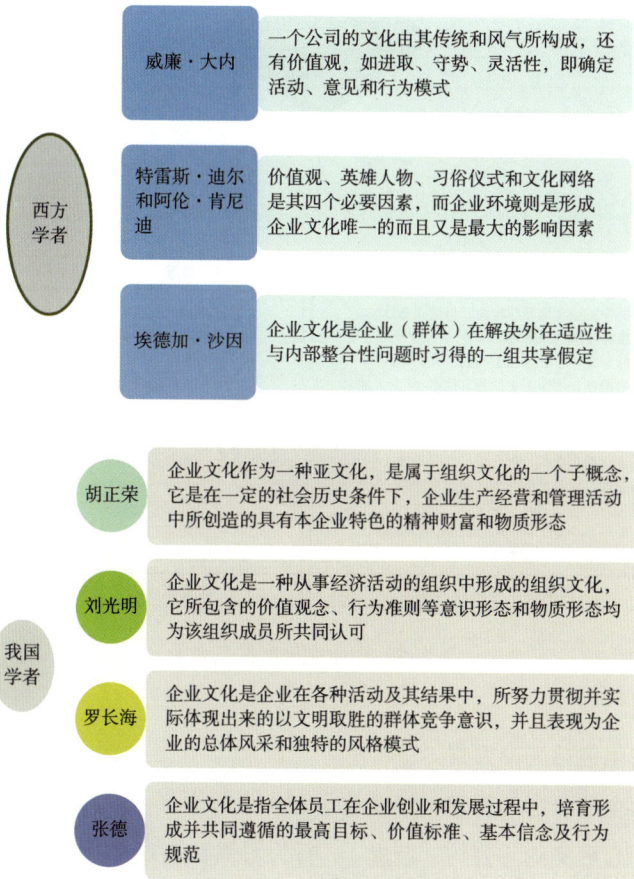

图 2-1 企业文化定义

二 正确理解企业文化

- 企业文化是指在一定的社会大文化环境影响下，经过企业领导者的长期倡导和全体员工的共同认可、实践、不断创新所形成的具有本企业特色的整体价值观念、道德规范、行为准则、经营哲学、企业制度、管理风格以及历史传统的综合。

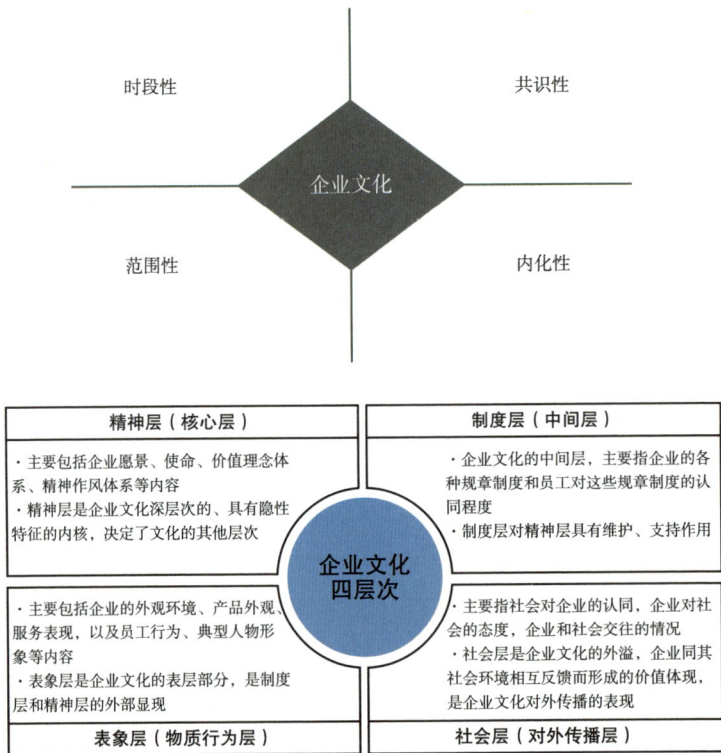

时段性　　　　　　　　　共识性

企业文化

范围性　　　　　　　　　内化性

精神层（核心层）
·主要包括企业愿景、使命、价值理念体系、精神作风体系等内容
·精神层是企业文化深层次的、具有隐性特征的内核，决定了文化的其他层次

制度层（中间层）
·企业文化的中间层，主要指企业的各种规章制度和员工对这些规章制度的认同程度
·制度层对精神层具有维护、支持作用

企业文化四层次

·主要包括企业的外观环境、产品外观、服务表现，以及员工行为、典型人物形象等内容
·表象层是企业文化的表层部分，是制度层和精神层的外部显现

·主要指社会对企业的认同，企业对社会的态度，企业和社会交往的情况
·社会层是企业文化的外溢，企业同其社会环境相互反馈而形成的价值体现，是企业文化对外传播的表现

表象层（物质行为层）　　　**社会层（对外传播层）**

图 2-2　企业文化特征及层次

企业文化包括三个要素。

智慧：企业蕴含的智慧、经营哲学和人生哲学。

形式：心理契约（公约、制度）、行为习惯和表现符号。

传承：在企业历史过程中形成发展，并能自然延续影响未来。

企业文化是一种企业经营理念、价值观和企业人的行为准则

企业文化无时不在，无处不在

企业文化动态变化

企业文化

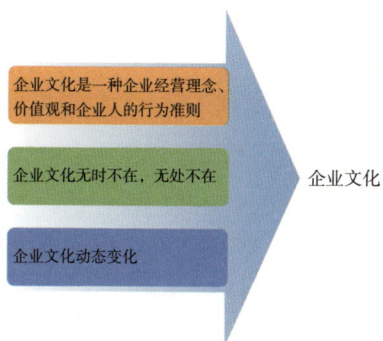

图 2-3　企业文化三要素

三　企业文化构成

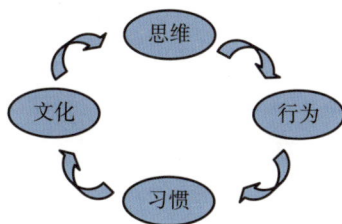

思维

行为

习惯

文化

图 2-4　企业文化构成

四　经济学家眼中的企业文化

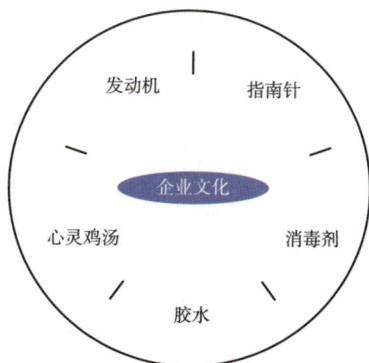

发动机

指南针

企业文化

心灵鸡汤

消毒剂

胶水

图 2-5　经济学家眼中的企业文化

五 文化洋葱模型

美国组织文化的研究和咨询管理大师——沙因提出：文化由以下三个相互作用的层次组成。

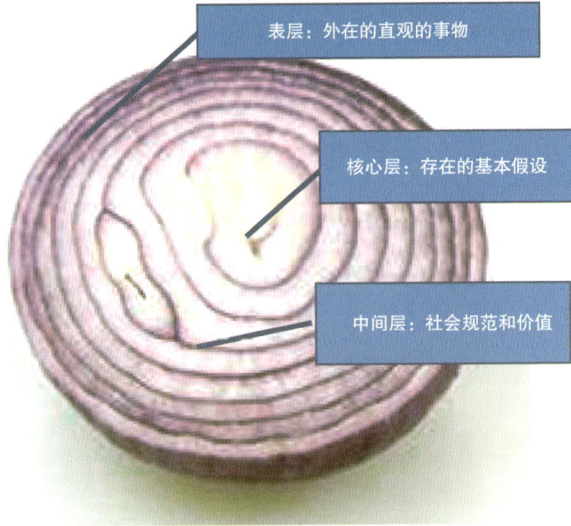

表层：外在的直观的事物

核心层：存在的基本假设

中间层：社会规范和价值

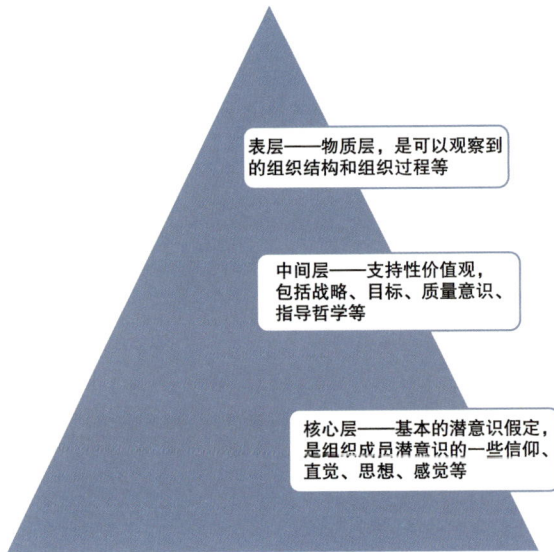

表层——物质层，是可以观察到的组织结构和组织过程等

中间层——支持性价值观，包括战略、目标、质量意识、指导哲学等

核心层——基本的潜意识假定，是组织成员潜意识的一些信仰、直觉、思想、感觉等

图 2-6　文化洋葱模型

六 企业文化的同心圆模型

企业文化的核心层、制度层、物质层共同形成一个完整的体系，三个层面的内容对企业的运营都缺一不可。一般而言，企业文化建设的物质层内容相对容易解决，制度层的工作明显难度较大，而核心层的构造和改变则最为不易。

在有关企业文化的研究中，常常会用到图示的"企业文化同心圆"，它比较形象和深刻地演绎了企业文化精神层、制度层、物质层三个层面的系统性辩证关系。

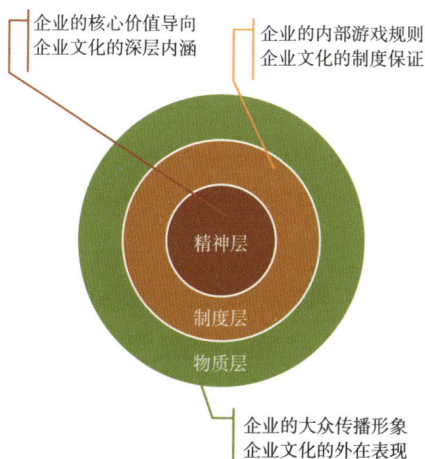

企业的核心价值导向
企业文化的深层内涵

企业的内部游戏规则
企业文化的制度保证

精神层

制度层

物质层

企业的大众传播形象
企业文化的外在表现

图 2-7　企业文化的同心圆模型

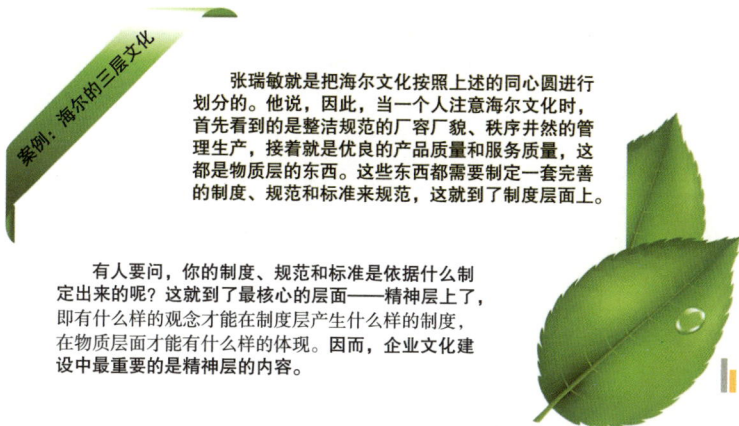

案例：海尔的三层文化

　　张瑞敏就是把海尔文化按照上述的同心圆进行划分的。他说，因此，当一个人注意海尔文化时，首先看到的是整洁规范的厂容厂貌、秩序井然的管理生产，接着就是优良的产品质量和服务质量，这都是物质层的东西。这些东西都需要制定一套完善的制度、规范和标准来规范，这就到了制度层面上。

　　有人要问，你的制度、规范和标准是依据什么制定出来的呢？这就到了最核心的层面——精神层上了，即有什么样的观念才能在制度层产生什么样的制度，在物质层面才能有什么样的体现。因而，企业文化建设中最重要的是精神层的内容。

图 2-8　海尔企业文化

七 企业文化的外化形式

企业的理念、组织行为方式和员工行为方式存在各种各样的外化形式，如组织的氛围、制度规范、企业标识、典礼仪式，甚至企业的产品与服务等。

企业文化与其外化形式的关系是：一方面，后者虽然反映了组织的文化，但其本身并非文化的组成部分；另一方面，理念，尤其是组织倡导的理念，必须通过有意识的文化建设活动贯彻落实到制度规范、企业标识、典礼仪式，甚至企业的产品与服务中，才能形成与这种理念相匹配的组织氛围。而这一组织氛围，对员工思维和行为将产生重大而深刻的影响，这正是企业文化能够在企业发展中发挥重大作用的原因。

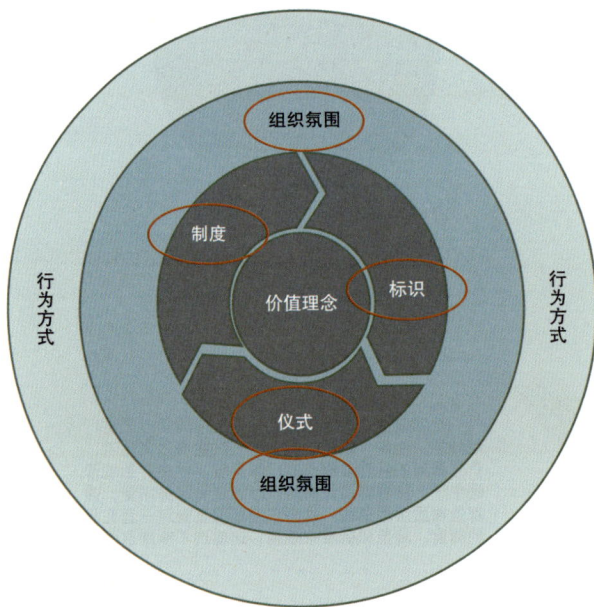

图 2-9　企业文化的外化形式

第二节 企业文化相关研究的发展历程

一 企业文化的产生

- 日本经济奇迹的启示

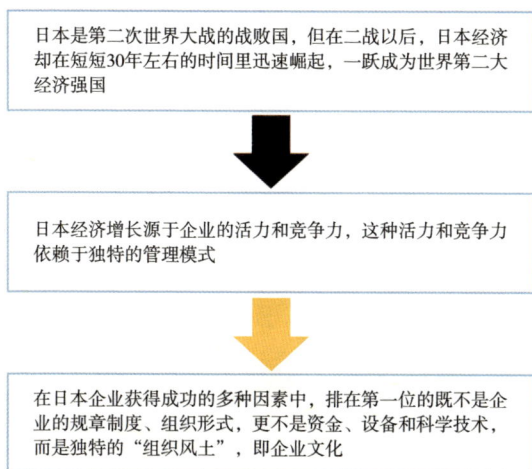

日本是第二次世界大战的战败国，但在二战以后，日本经济却在短短30年左右的时间里迅速崛起，一跃成为世界第二大经济强国

↓

日本经济增长源于企业的活力和竞争力，这种活力和竞争力依赖于独特的管理模式

↓

在日本企业获得成功的多种因素中，排在第一位的既不是企业的规章制度、组织形式，更不是资金、设备和科学技术，而是独特的"组织风土"，即企业文化

图 2-10 日本经济奇迹的启示

- 美国经验的总结和实践的发展

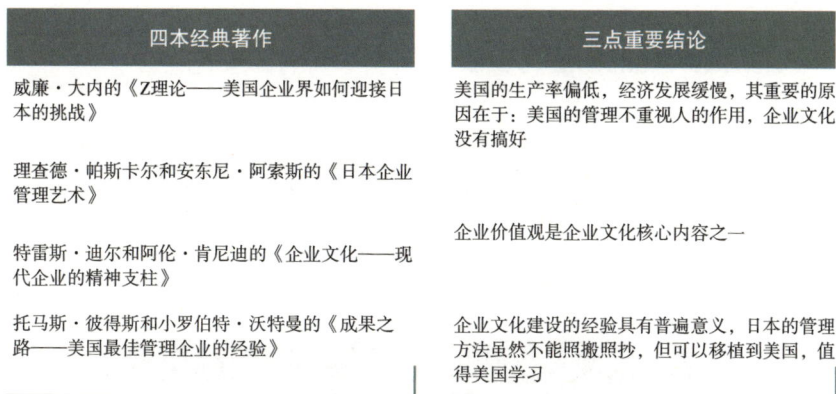

四本经典著作	三点重要结论
威廉·大内的《Z理论——美国企业界如何迎接日本的挑战》	美国的生产率偏低，经济发展缓慢，其重要的原因在于：美国的管理不重视人的作用，企业文化没有搞好
理查德·帕斯卡尔和安东尼·阿索斯的《日本企业管理艺术》	
特雷斯·迪尔和阿伦·肯尼迪的《企业文化——现代企业的精神支柱》	企业价值观是企业文化核心内容之一
托马斯·彼得斯和小罗伯特·沃特曼的《成果之路——美国最佳管理企业的经验》	企业文化建设的经验具有普遍意义，日本的管理方法虽然不能照搬照抄，但可以移植到美国，值得美国学习

图 2-11 美国经验的总结和实践

企业文化：

20 世纪 80 年代初期由美国波士顿大学教授斯坦利·M. 戴利首先提出来。

核心内容：

汲取传统文化的精华，结合当代先进的管理思想与管理理论，为企业职工树立一整套明确的价值观念、工作态度、行为规范，并利用它来帮助企业进行有效的管理。

二　企业文化的蓬勃发展

公司经营的国际化趋势

世界经济文化一体化的趋势

知识经济的兴起
1. 企业联盟带来的企业文化的挑战
2. 知识工作者的增加提出了文化管理的新需求
3. 虚拟企业的运作需要企业文化的支撑

图 2-12　企业文化的发展

三　中国企业文化的引进与发展

1　中国企业文化理论的引进（20世纪80年代中期到90年代初期）
以"引进、传播与评价"为主

2　中国企业文化理论的发展（20世纪90年代初期到21世纪初期）
以"比较、特色研究"为主

3　中国企业文化理论的日趋成熟（21世纪初至今）
以"理论推广、特色案例研究"为主

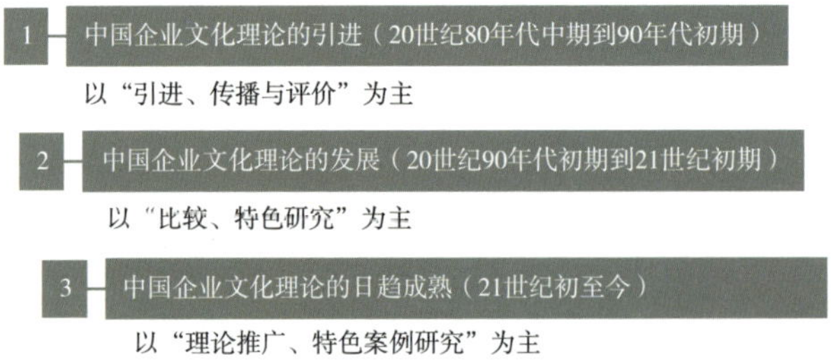

图 2-13　中国企业文化的引进与发展

- 1984 年，海尔公司的张瑞敏在企业亏损 147 万元的情况下，首先提出文化先行、企业理念先行，为中国企业界进行企业文化建设注入了强心针。
- 进入 20 世纪 90 年代中期，以企业形象建设为重点，中国涌现出一批形成了先进企业文化模式的企业，如海尔、联想、首钢、小天鹅、西安杨森、长安汽车、华为、白云山制药、同仁堂、全聚德等。
- 2004 年 7 月，国务院国有资产监督管理委员会在大庆召开了首届"中央企业企业文化建设研讨交流会"。
- 2005 年，国务院国有资产监督管理委员会下发了《关于加强中央企业企业文化建设的指导意见》，要求国有企业加大企业文化的建设力度。

三 案例

1. 华为的企业文化

▲ **华为核心价值观**：狼性文化。

▲ **华为使命**：聚焦客户关注的挑战和压力，提供有竞争力的通信解决方案和服务，持续为客户创造最大价值。

▲ **华为的愿景**：丰富人们的沟通与生活；华为致力于人人享有基本通信和信息业务的权利，在进行商业活动的同时，我们亦非常关注社会与环境的可持续发展，努力消除数字鸿沟，通过通信为人们提供更多更好的工作、生活、教育机会等，不断丰富人们的沟通与生活。

▲ **公司伦理**：华为坚定地以最高标准履行道德的品行，全面遵循所有使用的国家及国际法规。其目标决定不在于最低限度地附和法律和社会普通的道德标准，而是作为行为领导者，在承担企业责任方面做到最好。

▲ **企业精神**：主要包括主人翁精神、敬业精神、团队精神、竞争精神、创新精神、服务精神等，但其中最精华的莫过于狼性、创新和奉献。

2. 联想的企业文化

▲ 企业定位

- 联想从事开发、制造及销售最可靠的、安全易用的技术产品。
- 我们的成功源自不懈地帮助客户提高生产力，提升生活品质。

▲ 使命：为客户利益而努力创新

- 创造世界上最优秀、最具创新性的产品。
- 像对待技术创新一样致力于成本创新。
- 让更多的人获得更新、更好的技术。
- 最低的总体拥有成本，更高的工作效率。

▲ 核心价值观

- 成就客户——我们致力于每位客户的满意和成功。
- 创业创新——我们追求对客户和公司都至关重要的创新，同时快速而高效地推动其实现。
- 诚信正直——我们秉持信任、诚实和富有责任感，无论是对内部还是外部。

第三节　为什么要建设"企业文化"？

一　企业文化与企业形象

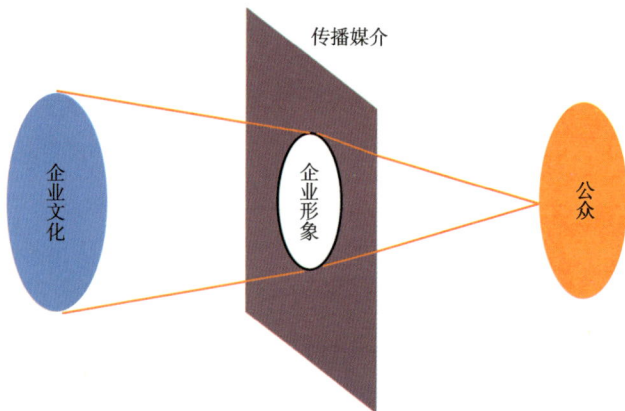

图 2-14　企业文化与企业形象

> **三流企业靠产品，二流企业靠服务，一流企业靠文化！**
>
> **企业文化不能是：**看起来很美，说起来很甜，做起来很难！
>
> **企业文化不能是：**说起来重要，做起来次要，忙起来不要！

二　企业文化的功能

1. 导向功能

企业文化能对企业整体和企业每个成员的价值取向及行为取向起导向作用，具体表现在两个方面：一是对企业成员个体的思想行为起导向作用；二是对企业整体的价值取向和行为取向起导向作用。这是因为一个企业的企业文化一旦形成，它就建立起自身系统的价值和规范标准，如果企业成员在价值和行为取向上与企业文化的系统标准产生悖逆现象，企业文化会将其纠正并将之引导到企业的价值观和规范标准上来。

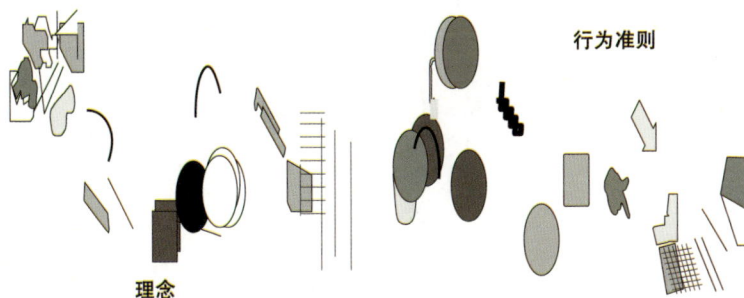

行为准则

理念

图 2-15　企业文化的导向功能

2．约束功能

企业文化对企业员工的思想、心理和行为具有约束和规范作用。企业文化的约束不是制度式的硬约束，而是一种软约束，这种约束产生于企业的企业文化氛围、群体行为准则和道德规范中。群体意识、社会舆论、共同的习俗和风尚等精神文化内容，会造成巨大的使个体行为从众化的群体心理压力和动力，使企业成员产生心理共鸣，继而达到行为的自我控制。

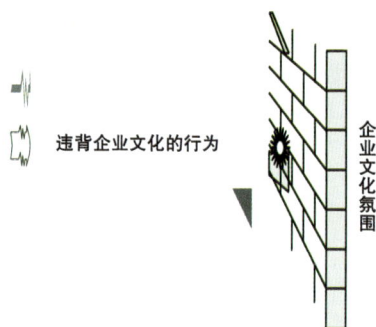

违背企业文化的行为　企业文化氛围

图 2-16　企业文化的约束功能

3．凝聚功能

企业文化的凝聚功能是指当一种价值观被企业员工共同认可后，它就会成为一种黏合力，从各个方面把其成员聚合起来，从而产生一种巨大的向心力和凝聚力。

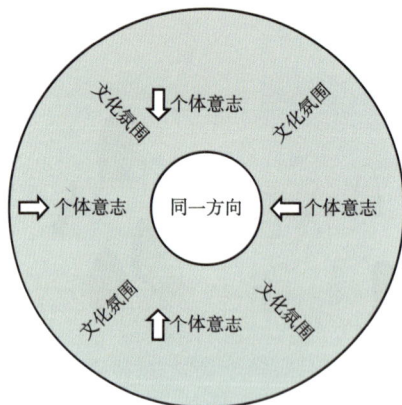

文化氛围　个体意志　文化氛围
个体意志　同一方向　个体意志
文化氛围　个体意志　文化氛围

图 2-17　企业文化的凝聚功能

４．激励功能

企业文化具有使企业成员从内心产生一种高昂情绪和奋发进取精神的效应。企业文化把尊重人作为中心内容，以人的管理为中心。企业文化给员工多重需要的满足，并能对各种不合理的需要用它的软约束来调节。所以，积极向上的思想观念及行为准则会形成强烈的使命感、持久的驱动力，成为员工自我激励的一把标尺。

图 2-18　企业文化的激励功能

三　企业文化的作用机制

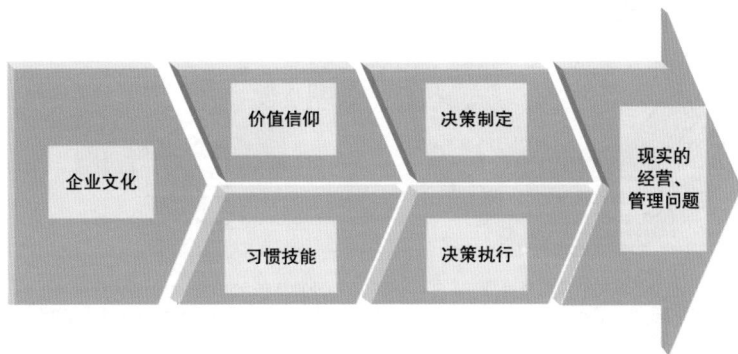

图 2-19　企业文化的作用机制

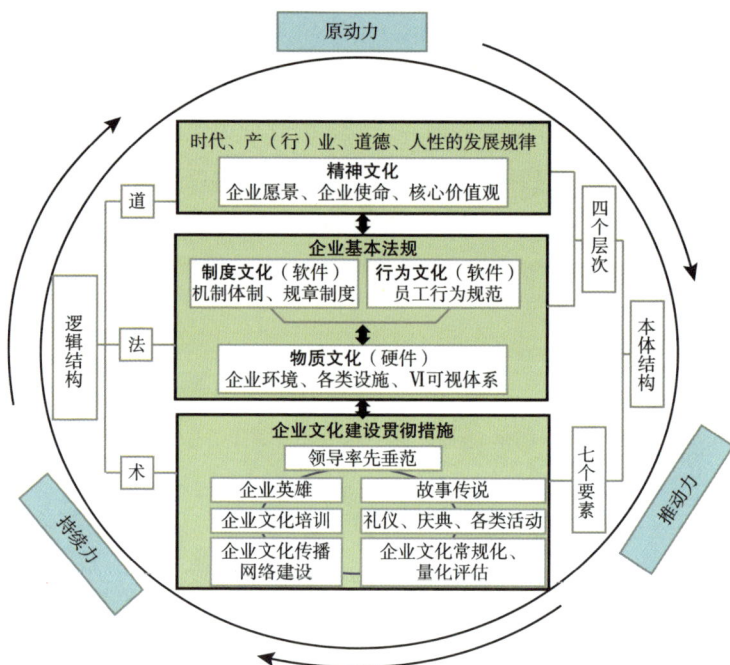

图 2-20　企业文化建设地图

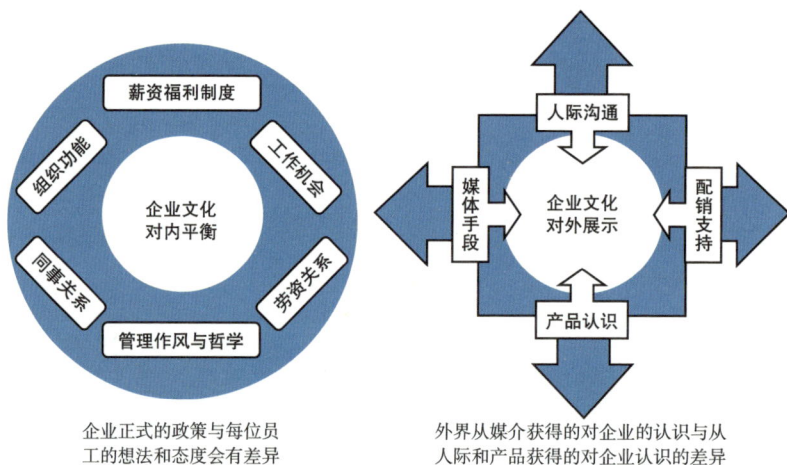

企业正式的政策与每位员工的想法和态度会有差异

外界从媒介获得的对企业的认识与从人际和产品获得的对企业认识的差异

图 2-21　企业文化的对外、对内功能

四　案例

1. 丰田汽车公司

日本丰田汽车公司在短短 30 年的时间里，由一个默默无闻的汽车厂而一跃成为以"车到山前必有路，有路必有丰田车"而自豪的大汽车公司。

丰田汽车公司是如何发展的呢？

它的成功经验如下。

第一，聚集人才，善用能人。

丰田汽车公司的发展在于网罗天下人才，它们认识到这比得到一笔巨大的资本更重要。

第二，重视职工素质的培养，为丰田公司的发展奠定了人才基础。

丰田汽车公司在实施"职工建议制度"的同时，对职工的培训也是相当严格的。实际上，支撑"职工建议制度"的重要因素之一，是职工的素质水准。如果职工的素质水平低下，提不出有效建议或建议很少，那么，这种制度也就很难维持下去。可以说，严格的培训制度使丰田公司拥有高素质的职工。高素质职工有着较强的应变能力，他们劳动热情高，群体意识强，能自觉地维护公司的利益和荣誉。而这些既推动了丰田公司的发展，又塑造了良好的丰田公司外部形象。

第三，良好的公司内部形象是丰田公司发展的精神支柱，更是丰田公司魅力所在。

丰田公司非常重视其在职工心目中的形象塑造，为争取职工对公司的好感，公司通过制定正确、合理的规章制度和组建各种娱乐社团组织等，使职工感到投入市场的每一个产品都凝结着自己的智慧和汗水，从而有一种做"丰田人"的光荣感、自豪感和共存感。

　　企业内部凝聚力的提高，为丰田公司在激烈的市场竞争中取胜提供了可靠的保证和强大的动力。由此可见，树立良好的企业形象是丰田公司发展的根基。

　　2．同仁堂企业文化

- 企业精神、堂训、古训

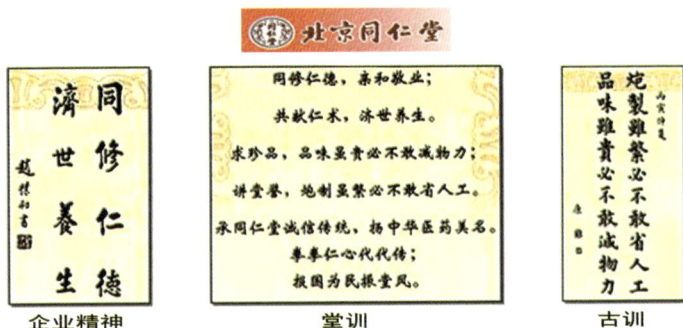

图 2-22　北京同仁堂企业文化

第四节　企业文化分析模型和工具

一　麦肯锡7S模型

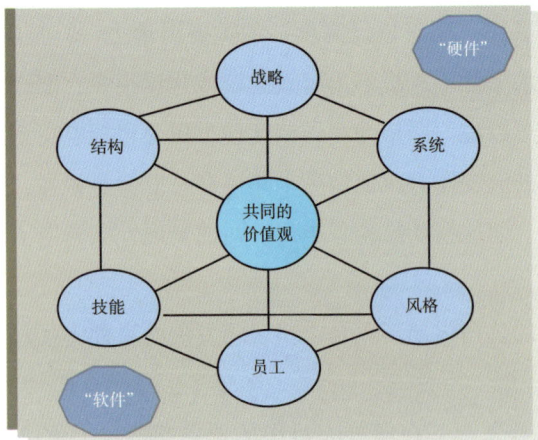

图 2-23　麦肯锡 7S 框架

战略	企业经营思想的集中体现，决定方向和意图，提供企业成败的标准
结构	企业的目标、协同、人员、职位、相互关系、信息等组织要素的有效排列
系统	在战略实施过程中，应制定与战略思想相一致的制度体系
风格	杰出企业都呈现既中央集权又地方分权的宽严并济的管理风格
共同的价值观	社群共有的动机，企业文化和员工表现的总和
员工	员工的能力、经验、潜力和意愿是企业成功的决定因素
技能	需要员工掌握一定的技能

只有在软件、硬件很好协调的前提条件下，企业的人力资源管理才能有效保证企业战略的成功实施

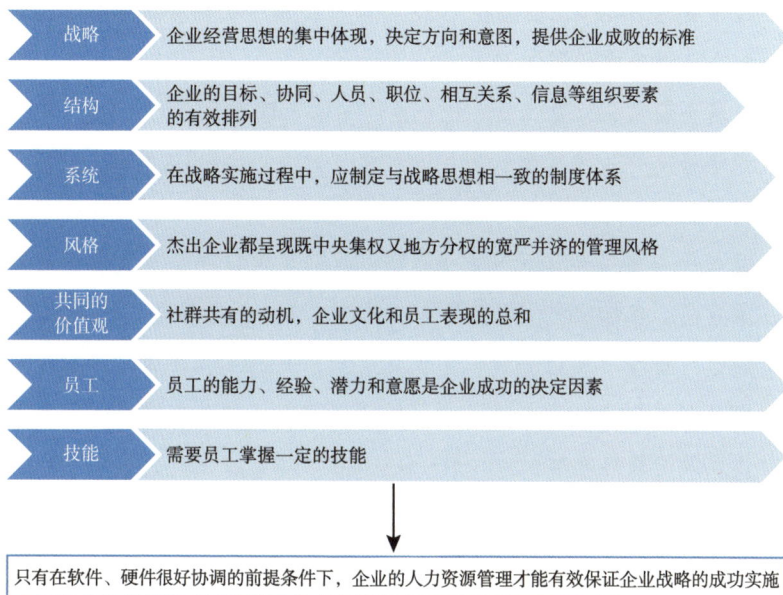

图 2-24　麦肯锡 7S 框架示意

二　奎因模式（竞争性文化价值模型）

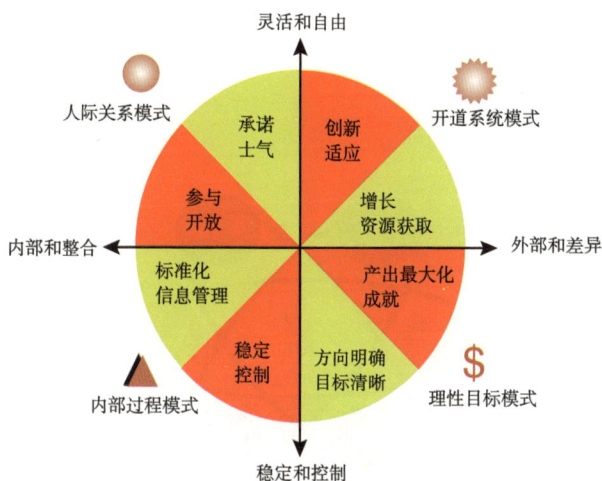

图 2-25　奎因模式

- 该模式由罗伯特·奎因在 1988 年提出，用于实证分析各种导向的文化对企业竞争力的影响。
- 分析企业文化，首先从分析企业的基本矛盾入手。
- 竞争性文化价值模型认为：如果将"对内-对外""控制-灵活"组成两个维度，在这个二维的基础上就可以派生出 4 个象限。如果每个象限都代表着一种文化导向/类型，我们又可以把企业文化分为 4 个基本导向：目标导向、规则导向、支持导向、创新导向。
- 通过"模型"实证分析，不仅可看到所有的工作成效最终都要与外部发展联系起来，而且进一步证明"促进企业的外部发展是衡量所有工作成效的最终标准"。

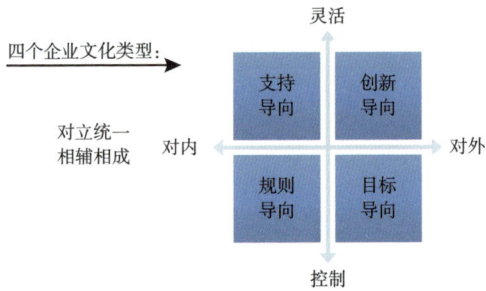

图 2-26　四个企业文化类型

三　六力模型

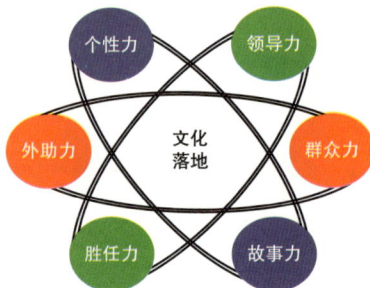

图 2-27　文化建设"六力"

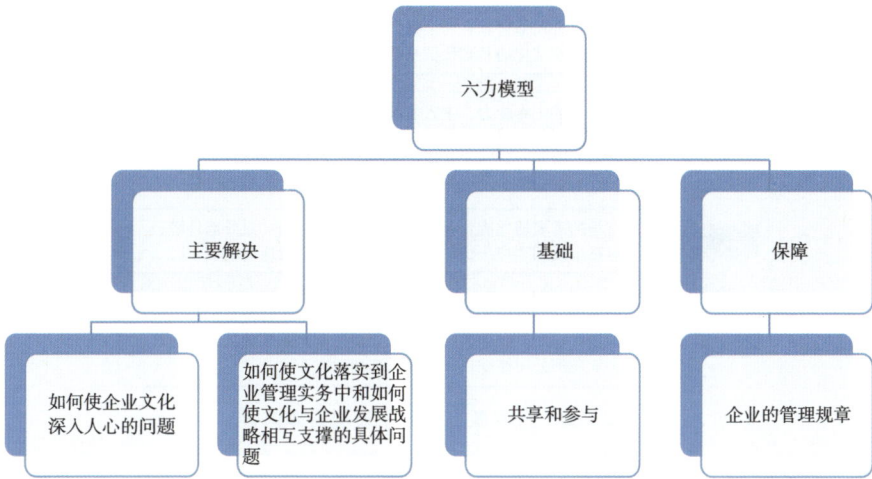

图 2-28　六力模型

四　丹尼森组织文化模型

四个特征

十二个维度

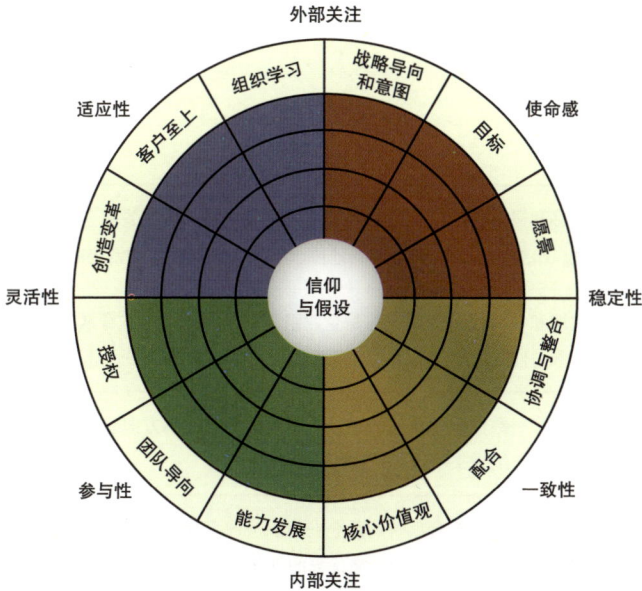

图 2-29　丹尼森组织文化模型

一致性	用于衡量公司是否具有一个强大且富有凝聚力的内部文化，表明了强大企业文化的基础价值系统
参与性	构建员工的工作能力、主人翁精神和责任感。公司在这一文化特征上的得分，反映了公司对培养员工、与员工进行沟通，以及使员工参与并承担工作的重视程度
适应性	将市场的需要转化成企业的行动，主要是指公司对外部环境（包括市场和客户）中的各种信号迅速做出反应的能力
使命感	表明了企业有价值的长期发展方向。这一文化特征有助于判断公司是一味注重眼前利益，还是着眼于制定系统的战略行动计划。成功的公司往往目标明确，志向远大

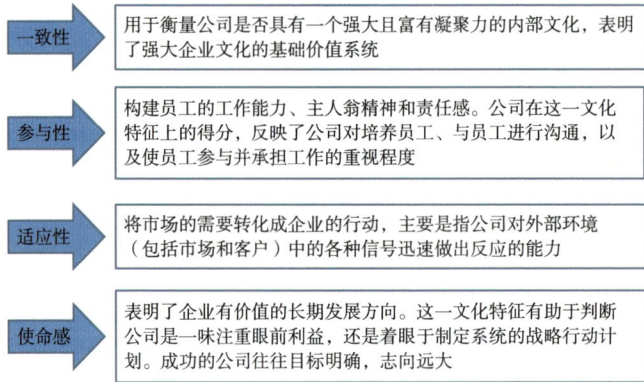

图 2-30　丹尼森组织文化模型具体内容

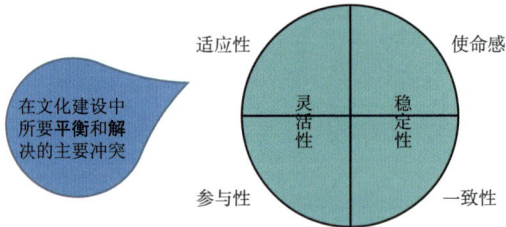

在文化建设中所要平衡和解决的主要冲突

适应性　使命感
灵活性　稳定性
参与性　一致性

外部关系	使命感和适应性组合反映的是企业组织与外部环境的关系。具备高使命感和高适应性，给组织带来领先的市场地位、不断增长的收入和销售额的增长等
内部关系	一致性和参与性组合反映的是企业组织的内在动力（本身素质）。具备高一致性和高参与性，给组织带来良好的投资回报、较高的工作质量
稳定性	使命感和一致性组合反映的是企业组织的稳定性和方向感。具备高使命感和高一致性，给组织带来稳定的资产回报和投资回报
灵活性	适应性和参与性组合反映的是企业组织应对变化的能力和灵活性。具备高适应性和高参与性，给企业组织带来优异的创新能力、产品开发能力等

图 2-31　丹尼森组织文化模型内容分析

五 特伦斯模型

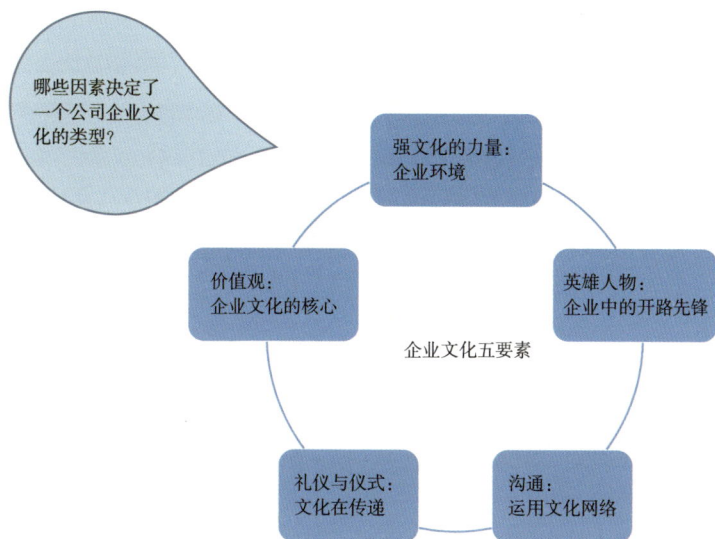

哪些因素决定了一个公司企业文化的类型?

强文化的力量:企业环境

英雄人物:企业中的开路先锋

价值观:企业文化的核心

企业文化五要素

礼仪与仪式:文化在传递

沟通:运用文化网络

图 2-32 特伦斯模型

特伦斯·迪尔和艾伦·肯尼迪把企业文化整个理论系统概述为以上五个要素。

六 克拉克洪–斯托特柏克构架

价值维度			
与环境的关系	控制	和谐	屈从
时间取向	过去	现在	未来
人的本质	善	混合	恶
活动取向	存在	控制	做
责任中心	个体主义的	群体的	等级的
空间概念	隐私的	混合的	公开的

图 2-33 克拉克洪–斯托特柏克的价值维度的变化

七　戴维斯模型

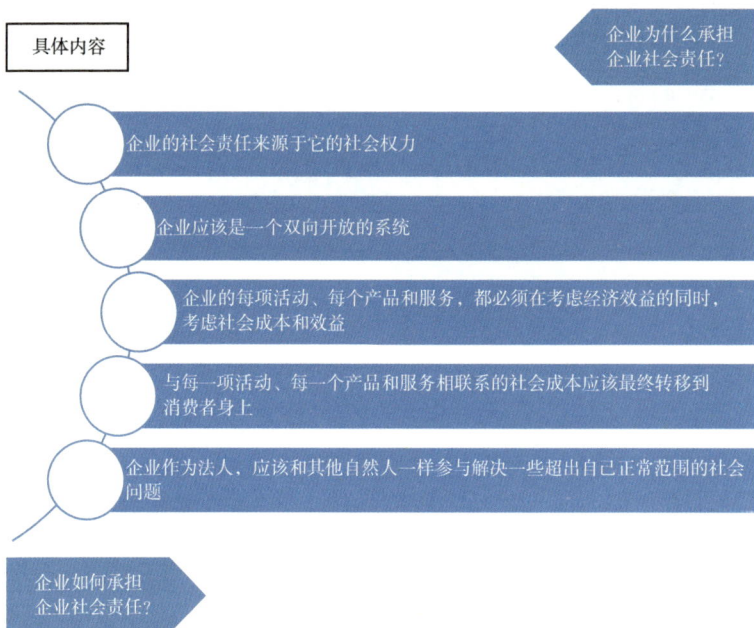

企业为什么承担
企业社会责任？

具体内容

企业的社会责任来源于它的社会权力

企业应该是一个双向开放的系统

企业的每项活动、每个产品和服务，都必须在考虑经济效益的同时，考虑社会成本和效益

与每一项活动、每一个产品和服务相联系的社会成本应该最终转移到消费者身上

企业作为法人，应该和其他自然人一样参与解决一些超出自己正常范围的社会问题

企业如何承担
企业社会责任？

图 2-34　戴维斯模型

表 2-1　企业文化调查问卷				
调查问卷分为 4 个部分，共 20 道题。在回答问题时，根据您所在的队伍情况进行评分，以正常状况为评估基础				
1	2	3	4	5
强烈不赞同	不赞同	中立	赞同	强烈赞同
题目				
Q1 大多数成员了解自己的本职工作并可以积极投入自己的工作。				
1	2	3	4	5
Q2 积极鼓励队伍内不同部门之间进行合作，每个成员都可以在需要时获得所需的信息。				
1	2	3	4	5
Q3 成员们了解取得长期成功所须做出的努力。				
1	2	3	4	5
Q4 成员们具有较强的团队意识。				
1	2	3	4	5
Q5 成员们了解团队的战略发展方向和目标。				
1	2	3	4	5

参与性

续表

调查问卷分为 4 个部分，共 20 道题。在回答问题时，根据您所在的队伍情况进行评分，以正常状况为评估基础

		1	2	3	4	5
		强烈不赞同	不赞同	中立	赞同	强烈赞同
		题目				
一致性	Q6	队伍的企业文化有助于在 TechMark 中的每一轮决策。				
		1	2	3	4	5
	Q7	队伍拥有一种强有力的文化，明确、一致的价值观导向。				
		1	2	3	4	5
	Q8	领导者公开阐明团队内部短期和长期要实现的目标。				
		1	2	3	4	5
	Q9	成员清楚地了解队伍的组织结构和团队内部不同职位的职责和功能。				
		1	2	3	4	5
	Q10	队伍在做重大组织结构调整时，成员们能够积极配合。				
		1	2	3	4	5
使命感（沟通性）	Q11	遇到难题时，队伍可以及时沟通并找到关键问题。				
		1	2	3	4	5
	Q12	部门之间沟通或跨部门间沟通顺畅。				
		1	2	3	4	5
	Q13	队伍出现分歧时，我们会尽全力找到双赢的解决方案。				
		1	2	3	4	5
	Q14	在每一轮决策形成阶段，领导者会鼓励成员发表不同意见，而不是以权力或职位来压制。				
		1	2	3	4	5
	Q15	即使遇到难题时，我们也总能达成一致意见。				
		1	2	3	4	5
适应性	Q16	我们善于应对竞争对手以及市场环境中的其他变化。				
		1	2	3	4	5
	Q17	我们将失败视为学习和改进的机会。				
		1	2	3	4	5
	Q18	我们的战略迫使其他队伍改变其在相同市场的竞争方式。				
		1	2	3	4	5
	Q19	领导者能够响应内外环境变化，对战略或计划做出适时和恰当的调整。				
		1	2	3	4	5
	Q20	领导者鼓励改革创新，鼓励新的先进工作方法。				
		1	2	3	4	5

表 2-2   企业文化调查问卷解析

问卷解析

90~100分	分析	恭喜你！你的团队已经形成自身文化并具有核心理念。团队的向心力极强，团队上下对未来有着一致的憧憬；团队能够察觉市场的变化，并针对当前形势做出对策；领导者相信成员可以自主处理力所能及的工作；团队可以在关键问题上迅速达成一致	建议	希望你们可以继续保持下去！注意避免在团队文化重整期出现市场适应能力下降、战略失误等问题，建议团队定期进行文化测量
80~90分	分析	你的团队具有相对成熟的企业文化体系。但是团队可能会在成员向心力、团队一致性、领导执行力或市场敏感性某一个层面上出现问题	建议	制定和修订团队文化手册，将成员变成文化的制定者和执行者，加强和统一成员们的思想
70~80分	分析	要小心！这可不是一个高的分数哦！过分强调总体使命的团队往往会忽视成员进行授权并争取获得员工的理解的问题，成员参与程度过高可能难以确定团队工作具体方向	建议	领导者应认识到团队文化应"深入人心"的重要性，注意加强激发成员的积极性，促使成员产生强烈的团队认同感和责任感
60~70分	分析	你的团队可能在文化建设上出现"矛盾"的问题。在丹尼森组织文化模型中，强调灵活的适应性与关注内部整合的一致性会出现矛盾；自上而下的愿景（使命）与自下而上的参与性之间存在矛盾	建议	契合团队自身需求，外部关注极大地影响市场份额和销售额的增长，而内部关注则更多地影响投资回报率和员工满意度；灵活性与产品和服务的创新密切相关，而稳定性则直接影响到诸如资产收益率、投资回报率和利润率等财务指标
60分以下	分析	危险！团队的领导者需要注意了，你们在团队文化建设上出现了重大问题	建议	根据问卷调查找出团队内部主要问题点。结合企业自身战略，参考丹尼森组织文化模型中的12个维度重新建设和制定团队文化体系

八 牡丹范式

1. 企业文化建设是企业精神文明、物质文明和制度文明的总和

企业文化分为生产型文化、消费型文化和投机型文化。文化的核心问题是价值，价值的核心问题是道德。企业文化是意识形态，也是上层建筑；是生产关系，也是生产力。因此，企业文化建设必须遵循生产力决定生产关系、经济基础决定上层建筑的基本规律。

2. 企业文化建设是企业生产布局的重要内容

作为以盈利为目的的经济组织，企业生产的目的是积累物质财富，必须进行生产力布局。相应的，也必须围绕生产力进行生产关系布局。生产力与生产关系之间的关系构成了生产方式。因此，企业文化可以布局，而且必须布局。

3. 企业文化布局必须解决特定问题

一是解决价值观重塑、理想信念培育、核心价值观体系构建、动力来源问题；二是解决生产过程中的经营方略问题，明确规范管理原则和管理观念；三是调整治理结构和管理架构，解放和发展生产力。核心问题是搞清楚什么是对的，什么是错的。

4．企业文化建设是企业上层建筑

企业的价值观和经营理念构成思想上层建筑，治理结构和管理架构构成政治上层建筑。依据企业不同的发展阶段和不同的经济条件，上层建筑的导向会有所不同。因此，企业文化建设要随着经济基础的变化而变化，并完成特定的使命和作用。

5．企业文化建设要不断解放和发展生产力

马克思主义认为，生产力决定生产关系，经济基础决定上层建筑。因此，企业文化建设从属于生产关系和上层建筑的范畴，必须服从于生产力和经济基础的发展要求，随时调整企业文化布局，不断促进生产发展，减少对企业发展的不利影响。

6．企业文化建设决定生产力的发展水平

任何企业都希望有永恒的价值准则，但是每个企业不同发展阶段的价值观念确实不尽相同，这是由生产力的发展水平和企业经济条件决定的。在很多情况下，社会和企业条件乃至领导者的变化，都将直接导致企业的兴衰成败。这就是文化的重要反作用，或者用理论界的最新研究成果叫决定作用。

7. 企业文化建设在企业不同发展阶段的作用不同

企业发展的不同周期，企业文化都彰显着促进和制约的不同作用。从企业存在的长期来看，有生长发展期、衰退重整期、复兴再造期；从企业存在的短期来看，有成长期、平稳期和下降期。不同时期，企业文化的作用不同，主要有三种：促进作用大于制约作用，既有促进作用又有制约作用，制约作用大于促进作用。

8. 企业文化建设符合辩证规律

企业文化建设在起到极大促进作用的同时，又培养了自己的文化"掘墓人"，积累了企业衰落的文化条件；企业文化建设在使企业文化成为生产发展最大阻碍的同时，又培育了崭新的价值观，为新兴生产力的诞生创造了物质生产的文化条件。

9. 企业文化建设需要与时俱进

企业文化建设需要通过制度规范，使核心价值观成为企业和员工长期遵守的共同准则，持续促进企业的生产发展。但生产力和经济条件的变化，必然决定文化的取向，如果不相应变革其外在表现方式，企业文化所提倡的任何观念都将成为空洞的口号。变是绝对的，不变是相对的。

10. 企业文化建设的根本目的是构建物质生产型文化

企业文化建设的目的就是要在企业发展的不同历史时期，努力适应生产力的发展要求，通过构建精神生产型文化，抑制精神消耗型文化；通过构建物质

企业文化：
没有最高　只有更高

生产型文化，抑制物质消耗型文化；通过构建制度生产型文化，抑制制度消耗型文化，保障和推动企业在健康的文化氛围中发展壮大。简单地说，就是"扬弃"和去伪存真，搞清楚"提倡什么、反对什么"。

11. 企业文化建设必须与系统环境协调共生

企业文化在很大程度上受社会文化思潮的影响和决定，动荡的社会思潮直接决定了企业文化的非恒定性。企业员工受社会文化思潮影响的程度，决定了企业文化建设的速度和力度。因而，社会核心价值体系必须在企业文化中得到落实，否则企业文化建设就成了无源之水、无本之木。

12. 企业文化建设是企业经营的核心

经营企业就是经营文化，就是要始终重视企业核心价值体系的建设，使之主导企业经营的各个方面。企业文化建设不是企业经营可有可无的摆设，而是企业价值传承的核心，是创新创造的源泉。其重要的使命，是为企业生产发展提供源源不断的思想保证、精神动力和智力支持。

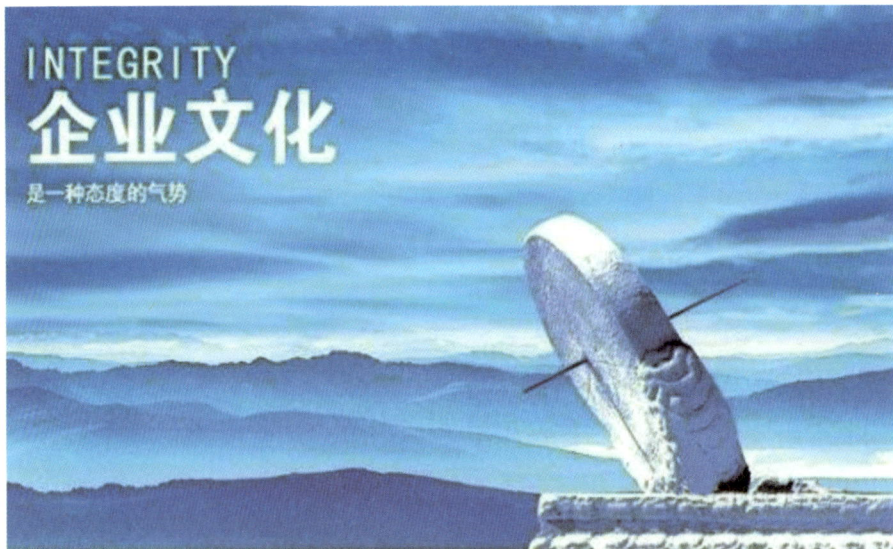

第三章　企业市场管理

第一节　什么是市场营销

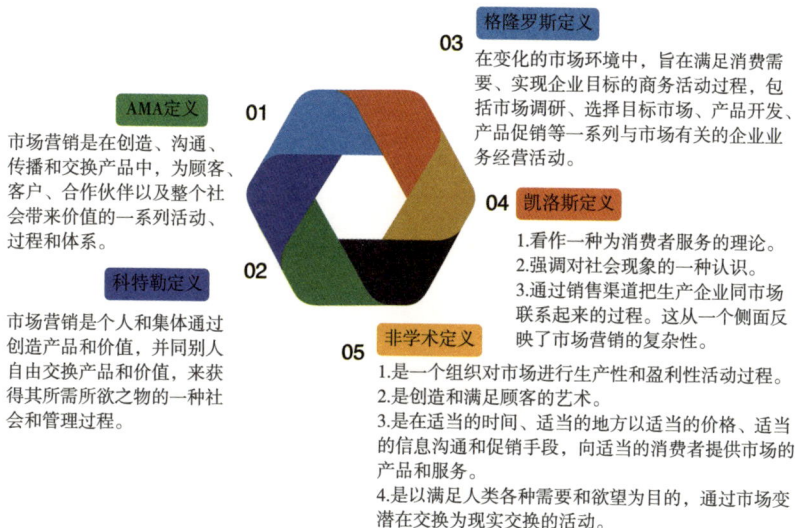

格隆罗斯定义
03　在变化的市场环境中，旨在满足消费需要、实现企业目标的商务活动过程，包括市场调研、选择目标市场、产品开发、产品促销等一系列与市场有关的企业业务经营活动。

AMA定义
01　市场营销是在创造、沟通、传播和交换产品中，为顾客、客户、合作伙伴以及整个社会带来价值的一系列活动、过程和体系。

凯洛斯定义
04　1.看作一种为消费者服务的理论。
2.强调对社会现象的一种认识。
3.通过销售渠道把生产企业同市场联系起来的过程。这从一个侧面反映了市场营销的复杂性。

科特勒定义
02　市场营销是个人和集体通过创造产品和价值，并同别人自由交换产品和价值，来获得其所需所欲之物的一种社会和管理过程。

非学术定义
05　1.是一个组织对市场进行生产性和盈利性活动过程。
2.是创造和满足顾客的艺术。
3.是在适当的时间、适当的地方以适当的价格、适当的信息沟通和促销手段，向适当的消费者提供市场的产品和服务。
4.是以满足人类各种需要和欲望为目的，通过市场变潜在交换为现实交换的活动。

图 3-1　市场营销的定义

第二节　为什么做市场营销

　　市场营销就是通过市场来促进人们的购买欲望。市场营销是企业的基本的职能之一，市场营销就是通过各种科学的方法和有效的手段促成买方和卖方顺利完成交易的一个过程。市场营销有着非常重要的作用。

①解决生产与消费的矛盾

满足生活消费和生产消费的双重需要。在商品经济条件下，社会的生产和消费之间存在很多矛盾，比如说，在空间和时间上的分离、产品、价格、双方信息不对称等。市场营销的任务就是实现生产和消费方面的统一，使生产和消费之间的不同的需要和欲望相互得到适应

②实现商品的价值并达到增值

市场营销是通过各种手段实现消费者的满意，使产品成功卖给消费者。市场营销策划，一般通过创新、促销、服务方便等容易使消费者满意，使商品中的价值和附加值得到社会的承认和消费者的认可

③有效地避免社会资源和企业资源方面的浪费

市场营销是从顾客需求的角度出发，根据消费者的需求进行生产，生产出来的产品一般不会出现销售不出去的现象。因为这些产品是符合消费者的购买欲望的。所以最大限度地减少了浪费，避免了社会资源和企业资源的浪费

④产品是根据消费者的需求生产的

所以最大限度地满足了顾客的需求，提高了人们的生活水平和生存质量。同时也实现了市场营销活动的目标。满足了消费者的需求，最终提高社会总体生活水平和人们的生存质量

图 3-2　市场营销的作用

第三节　市场营销发展历程

1. 市场营销理论发展阶段

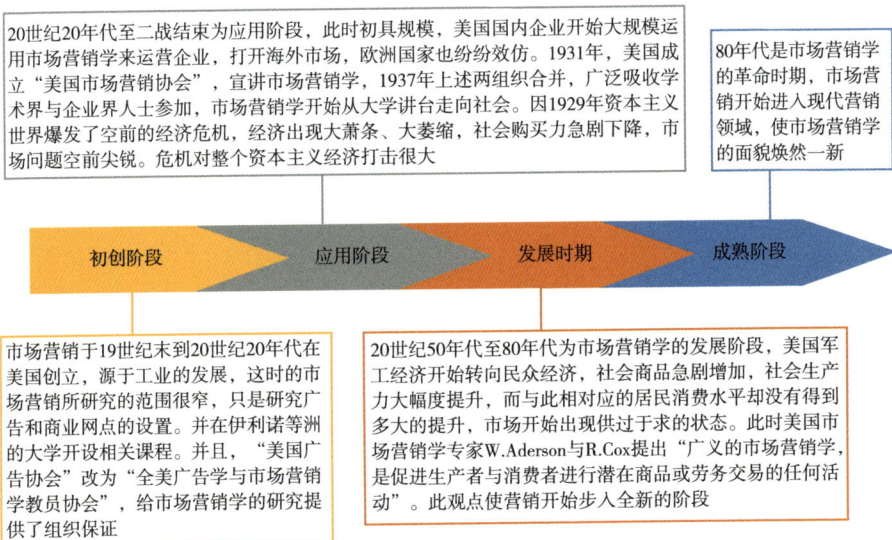

20世纪20年代至二战结束为应用阶段，此时初具规模，美国国内企业开始大规模运用市场营销学来运营企业，打开海外市场，欧洲国家也纷纷效仿。1931年，美国成立"美国市场营销协会"，宣讲市场营销学，1937年上述两组织合并，广泛吸收学术界与企业界人士参加，市场营销学开始从大学讲台走向社会。因1929年资本主义世界爆发了空前的经济危机，经济出现大萧条、大萎缩，社会购买力急剧下降，市场问题空前尖锐。危机对整个资本主义经济打击很大

80年代是市场营销学的革命时期，市场营销开始进入现代营销领域，使市场营销学的面貌焕然一新

初创阶段　　应用阶段　　发展时期　　成熟阶段

市场营销于19世纪末到20世纪20年代在美国创立，源于工业的发展，这时的市场营销所研究的范围很窄，只是研究广告和商业网点的设置。并在伊利诺等洲的大学开设相关课程。并且，"美国广告协会"改为"全美广告学与市场营销学教员协会"，给市场营销学的研究提供了组织保证

20世纪50年代至80年代为市场营销学的发展阶段，美国军工经济开始转向民众经济，社会商品急剧增加，社会生产力大幅度提升，而与此相对应的居民消费水平却没有得到多大的提升，市场开始出现供过于求的状态。此时美国市场营销学专家W.Aderson与R.Cox提出"广义的市场营销学，是促进生产者与消费者进行潜在商品或劳务交易的任何活动"。此观点使营销开始步入全新的阶段

图 3-3　市场营销理论发展阶段

2. 各发展阶段特点

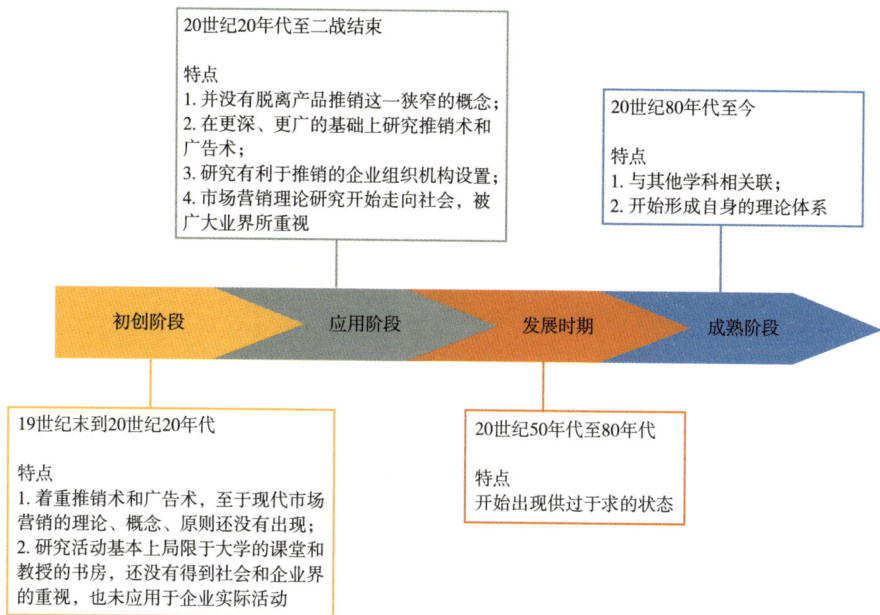

20世纪20年代至二战结束

特点
1. 并没有脱离产品推销这一狭窄的概念；
2. 在更深、更广的基础上研究推销术和广告术；
3. 研究有利于推销的企业组织机构设置；
4. 市场营销理论研究开始走向社会，被广大业界所重视

20世纪80年代至今

特点
1. 与其他学科相关联；
2. 开始形成自身的理论体系

| 初创阶段 | 应用阶段 | 发展时期 | 成熟阶段 |

19世纪末到20世纪20年代

特点
1. 着重推销术和广告术，至于现代市场营销的理论、概念、原则还没有出现；
2. 研究活动基本上局限于大学的课堂和教授的书房，还没有得到社会和企业界的重视，也未应用于企业实际活动

20世纪50年代至80年代

特点
开始出现供过于求的状态

图 3-4　市场营销各发展阶段特点

第四节　市场营销主要内容

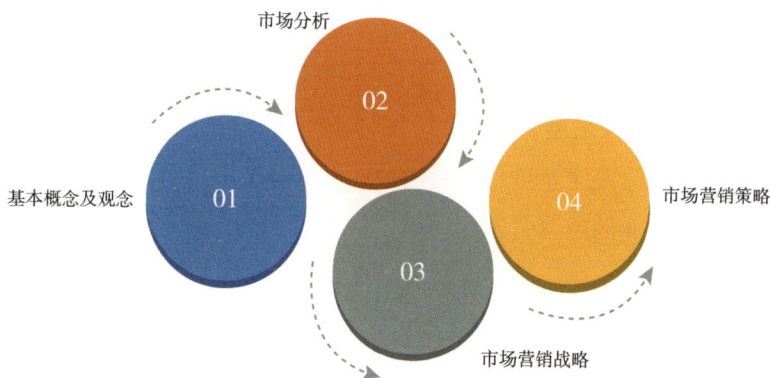

市场分析

02

基本概念及观念

01

04

市场营销策略

03

市场营销战略

图 3-5　市场营销主要内容

1. 基本概念及观念

概念　市场、市场营销和市场营销学的概念

观念　市场营销观念及发展

三要素　人口、购买力、购买欲望

概念

市场	市场起源于古时人类对于固定时段或地点进行交易的场所的称呼，指买卖双方进行交易的场所，另一个意义为交易行为的总称
市场营销	市场营销是在创造、沟通、传播和交换产品中，为顾客、客户、合作伙伴以及整个社会带来经济价值的活动、过程和体系。主要是指营销人员针对市场开展经营活动、销售行为的过程
市场营销学	两种含义，一种是动词理解，指企业的具体活动或行为，这时被称为市场营销或市场经营；另一种是名词理解，指研究企业的市场营销活动或行为的学科，被称为市场营销学、营销学或市场学等

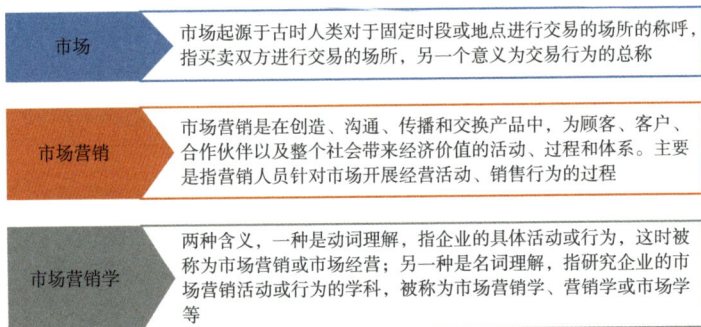

图 3-6　市场营销的概念

市场营销观念及发展

市场营销观念是企业进行经营决策、组织管理市场营销活动的基本指导思想，也就是企业的经营哲学。它是一种观念、一种态度，或一种企业思维方式。市场营销观念是一种"以消费者需求为中心，以市场为出发点"的经营指导思想。营销观念认为，实现组织诸目标的关键在于正确确定目标市场的需要与欲望，并比竞争对手更有效、更有力地传送目标市场所期望满足的东西。

市场营销观念及发展

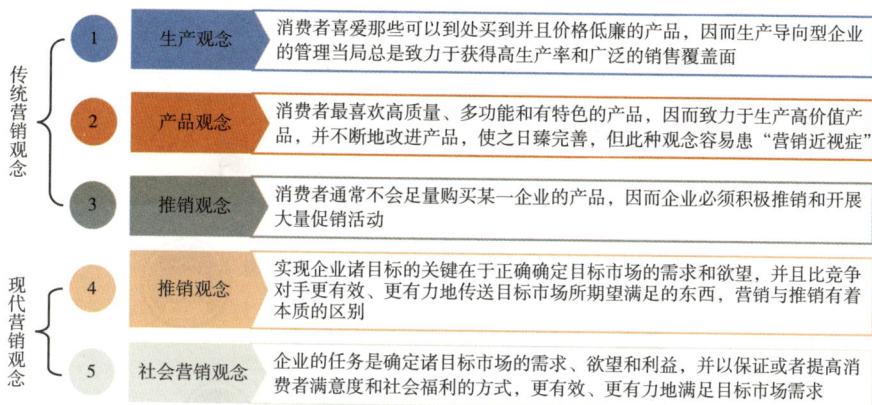

<table>
<tr><td rowspan="3">传统营销观念</td><td>1</td><td>生产观念</td><td>消费者喜爱那些可以到处买到并且价格低廉的产品，因而生产导向型企业的管理当局总是致力于获得高生产率和广泛的销售覆盖面</td></tr>
<tr><td>2</td><td>产品观念</td><td>消费者最喜欢高质量、多功能和有特色的产品，因而致力于生产高价值产品，并不断地改进产品，使之日臻完善，但此种观念容易患"营销近视症"</td></tr>
<tr><td>3</td><td>推销观念</td><td>消费者通常不会足量购买某一企业的产品，因而企业必须积极推销和开展大量促销活动</td></tr>
<tr><td rowspan="2">现代营销观念</td><td>4</td><td>推销观念</td><td>实现企业诸目标的关键在于正确确定目标市场的需求和欲望，并且比竞争对手更有效、更有力地传送目标市场所期望满足的东西，营销与推销有着本质的区别</td></tr>
<tr><td>5</td><td>社会营销观念</td><td>企业的任务是确定诸目标市场的需求、欲望和利益，并以保证或者提高消费者满意度和社会福利的方式，更有效、更有力地满足目标市场需求</td></tr>
</table>

图 3-7 市场营销观念及发展

三要素

人口要素：是指消费者购买商品或服务的动机、愿望和要求，是由消费者心理需求和生理需求引发的。产生购买欲望是消费者将潜在购买力转化为现实购买力的必要条件。

购 买 力：指消费者支付货币以购买商品或服务的能力，在一定时期内，消费者的可支配收入水平决定了其购买力水平的高低。

购买欲望：消费者人口的多少，决定着市场的规模和容量的大小，而人口的构成及其变化则影响着市场需求的构成和变化。

市场 ＝ 人口要素（基本要素） ＋ 购买力（物质要素） ＋ 购买欲望（必要条件）

图 3-8 市场营销三要素

2. 市场分析

图 3-9　市场分析

营销环境分析

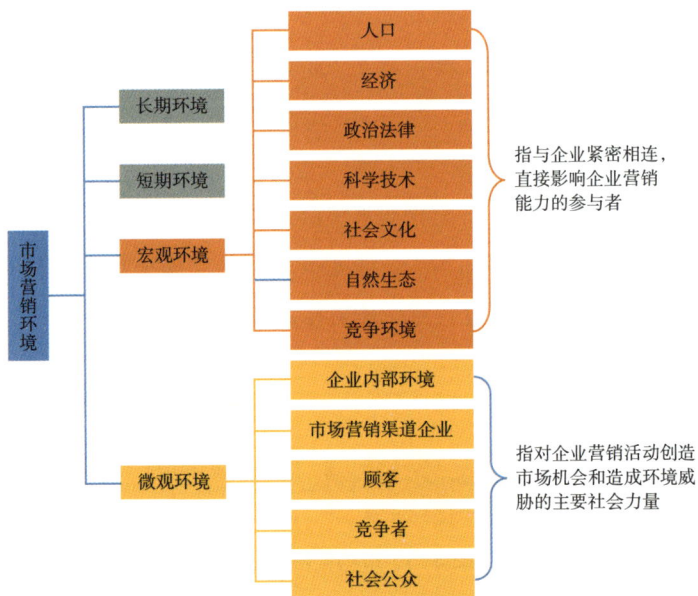

图 3-10　营销环境分析

顾客分析

购买者黑箱	也称消费者黑箱，是一种消费者心理。一般用于营销学，即指在消费者做出购买行为之前，商家无法了解消费者的购买行为与购买意愿

影响消费者购买的主要因素	个人因素：1. 消费者的经济状况，即消费者的收入、存款与资产、借贷能力等 　　　　　2. 消费者的职业和地位 　　　　　3. 消费者的年龄与性别 　　　　　4. 消费者的性格与自我观念 文化因素 心理因素：感觉、知觉、记忆、想象、情感等 社会因素：1. 生活方式的改变 　　　　　2. 忙碌的生活 　　　　　3. 从众现象

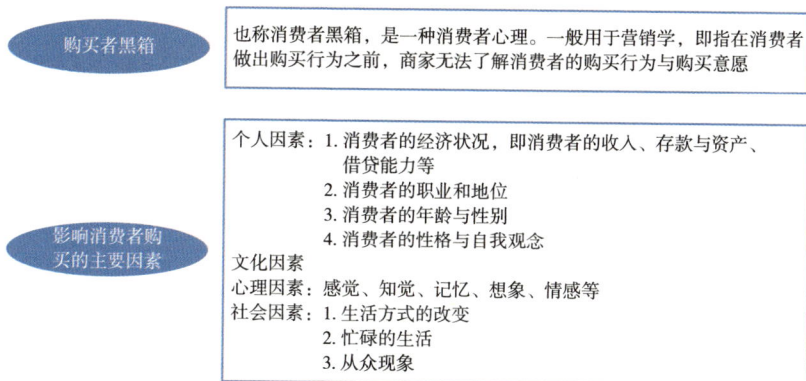

图 3-11　顾客分析

顾客决策过程

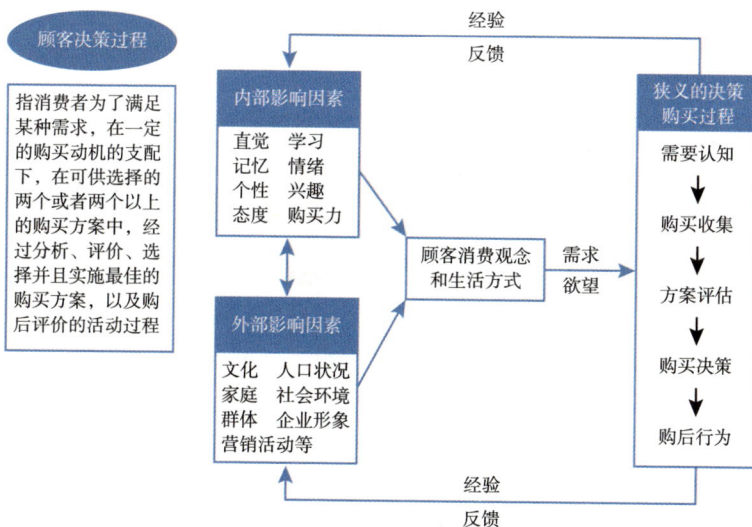

图 3-12　顾客决策过程

竞争分析

波特五力模型

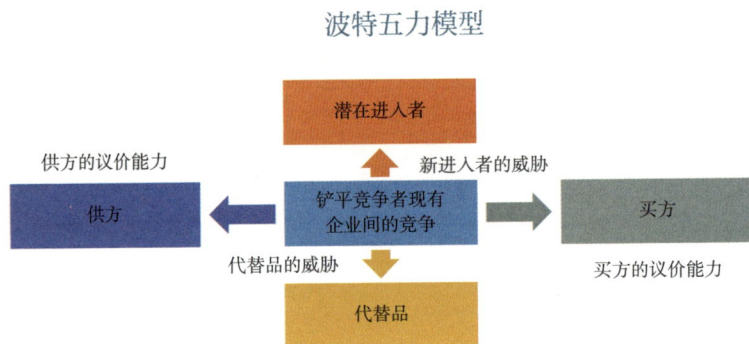

潜在进入者

供方的议价能力

供方

铲产竞争者现有
企业间的竞争

新进入者的威胁

买方

代替品的威胁

买方的议价能力

代替品

图 3-13　波特五力模型

竞争分析

分析竞争者步骤

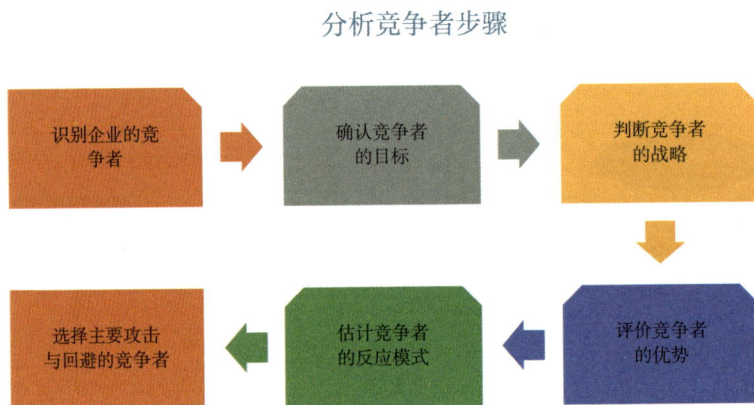

识别企业的竞
争者 → 确认竞争者
的目标 → 判断竞争者
的战略

选择主要攻击
与回避的竞争者 ← 估计竞争者
的反应模式 ← 评价竞争者
的优势

图 3-14　竞争分析（1）

竞争分析

指生产不同
规格档次的
竞争者

指提供不同产
品满足不同需
求的竞争者

识别竞争者　品牌竞争者　形式竞争者　一般竞争者　愿望竞争者

指产品规格相
同，但品牌不
同的竞争者

指提供满足同一
种需求但不同产
品的竞争者

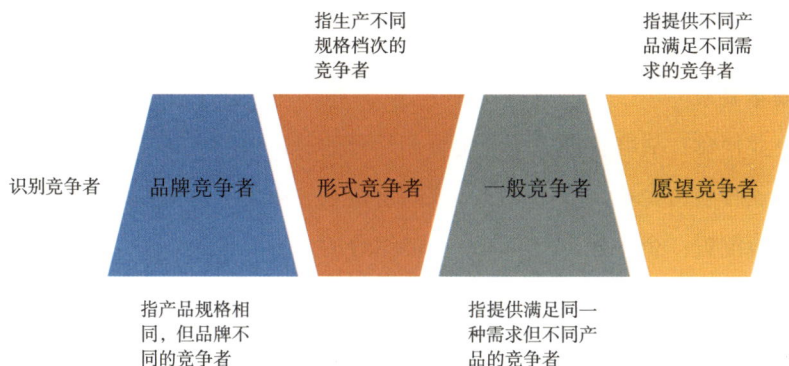

图 3-15　竞争分析（2）

竞争分析

主宰型
难存活型　强势型
六种市场
竞争地位
虚弱型　优势型
防守型

四种竞争战略设计

市场领先
者策略　市场挑
战者策
略　市场跟
随者策
略　市场补
缺者策
略

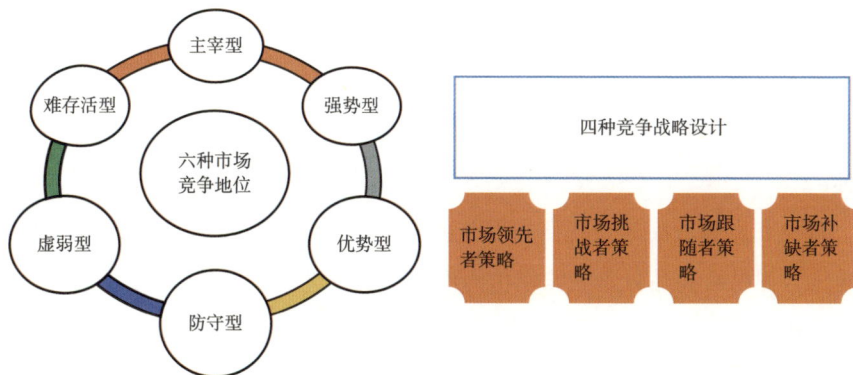

图 3-16　竞争分析（3）

3．市场营销战略

市场营销战略

企业在现代市场营销观念下，为实现其经营目标，对一定时间内市场营销发展的总体设想和规划。

基本要素

企业使命：战略管理者所确定生产经营的总目标和方向。

企业哲学：企业经营活动所形成的价值观、态度和行为准则。

资源配置：企业过去及资源和技能组合的水平和模式。

竞争优势：企业所拥有的独特竞争优势，通过企业活动所创造的价值与成本两个指标来衡量。

核心要点

识别环境的发展趋势。环境发展趋势可能给企业带来新的机会，也可能带来新的难题，如新的法律、新的政策的实施，对企业营销可能产生有利或不利的影响，掌握环境的发展趋势是企业制定战略计划的重要前提。

识别各种机会。有效利用潜在的机会，对发展新产品、改进现有产品、发现产品的新问题、吸引竞争对手的顾客、开发新的细分市场都极为有利。

用开阔的经营观点对待企业生存的条件。树立市场需求观念，把眼光放在广阔的市场上以适应市场变化。

充分利用现有资源。运用同样数量、同样类型的资源去完成新的战略目标。

避免和声誉较高的名牌商品展开正面竞争。名牌商品都处于高度的商品保护地位，如果新商品只是一味模仿而没有什么改进，就很难取得成功。

厂牌引伸。将成功商品的厂牌用于新的优质商品，使顾客对新商品有良好的印象。

加强企业商品在市场上的地位，增强商品的竞争能力。

明确规定企业发展方向。企业不但要有具体目标，制订达到目标的措施规划，而且应确定具体的时间进度。

4. 市场营销策略

市场营销是企业以顾客需要为出发点，根据经验获得顾客需求量以及购买力的信息、商业界的期望值，有计划地组织各项经营活动，通过相互协调一致的产品策略、价格策略、渠道策略和促销策略，为顾客提供满意的商品和服务而实现企业目标的过程。

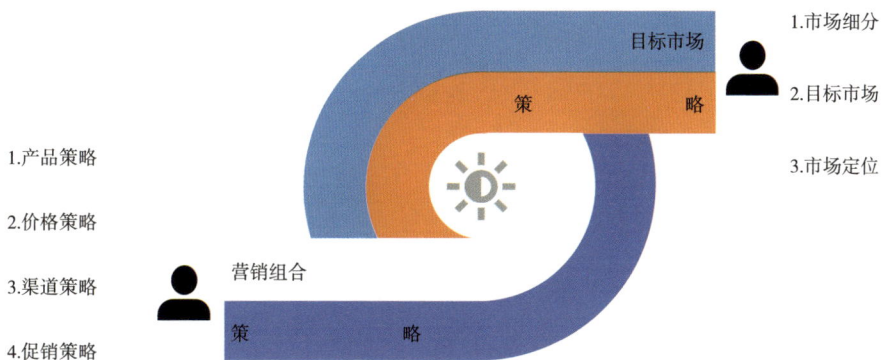

图 3-17　市场营销策略

目标市场策略

目标市场策略是指企业将产品的整个市场视为一个目标市场，用单一的营销策略开拓市场，即用一种产品和一套营销方案吸引尽可能多的购买者。无差异营销策略只考虑消费者或用户在需求上的共同点，而不关心他们在需求上的差异性。

图 3-18　目标市场策略

市场细分

图 3-19   市场细分情况

目标市场

目标市场是指企业在市场细分之后的若干"子市场"中，所运用的企业营销活动之"矢"而瞄准的市场方向之"的"的优选过程。例如，现阶段我国城乡居民对照相机的需求，可分为高档、中档和普通三种。

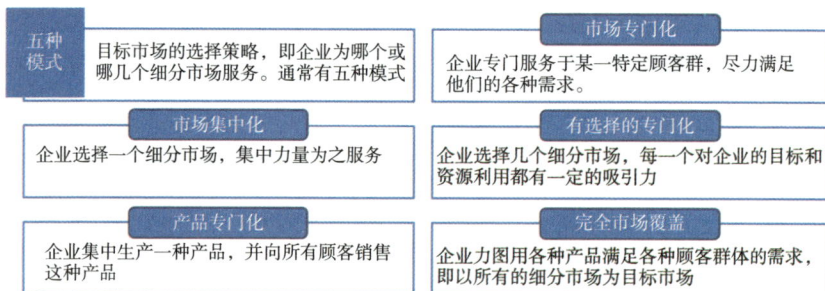

图 3-20   目标市场

市场定位

市场定位也称作"营销定位"，是市场营销工作者用以在目标市场（此处目标市场指该市场上的客户和潜在客户）的心目中塑造产品、品牌或组织的形象或个性的营销技术。

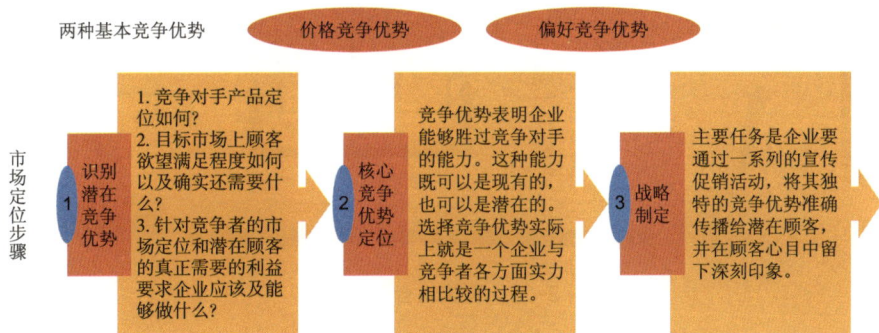

两种基本竞争优势　价格竞争优势　偏好竞争优势

市场定位步骤

1. 识别潜在竞争优势

1.竞争对手产品定位如何?
2.目标市场上顾客欲望满足程度如何以及确实还需要什么?
3.针对竞争者的市场定位和潜在顾客的真正需要的利益要求企业应该及能够做什么?

2. 核心竞争优势定位

竞争优势表明企业能够胜过竞争对手的能力。这种能力既可以是现有的，也可以是潜在的。选择竞争优势实际上就是一个企业与竞争者各方面实力相比较的过程。

3. 战略制定

主要任务是企业要通过一系列的宣传促销活动，将其独特的竞争优势准确传播给潜在顾客，并在顾客心目中留下深刻印象。

图 3-21　市场定位

营销组合策略

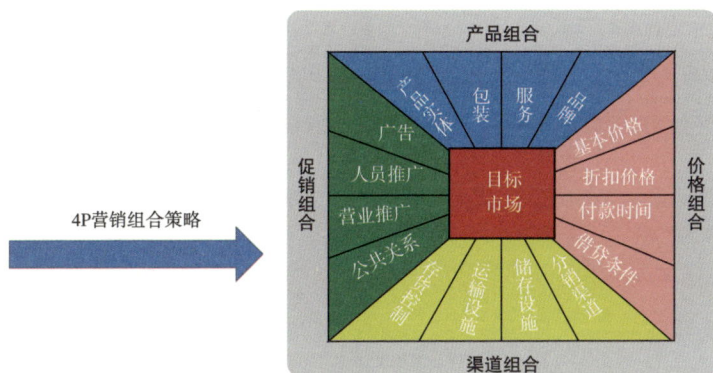

4P营销组合策略

图 3-22　营销组合策略（1）

营销组合策略

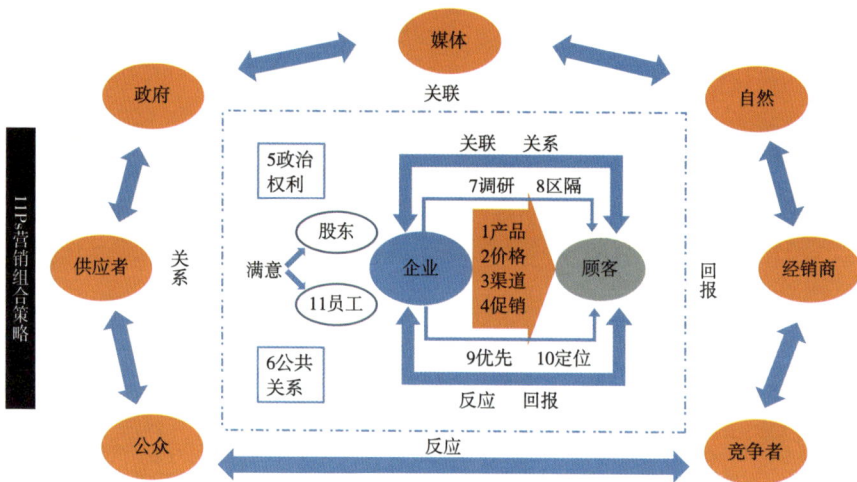

图 3-23　营销组合策略（2）

第五节　市场营销分析方法

1. 11Ps 营销理论

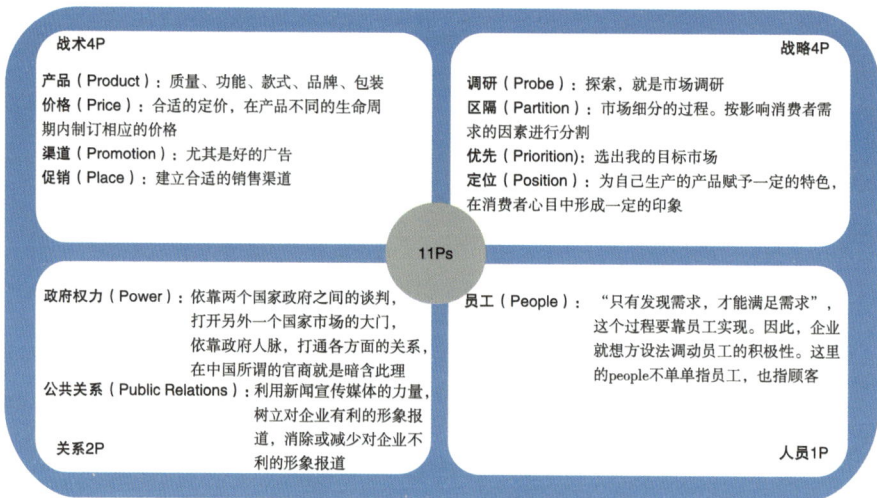

图 3-24　11Ps 营销理论

2. STP 理论

STP 理论又称"市场细分理论"，是由三个基本策略组合而成的，即市场细分（Segmentation）、目标市场选择（Targeting）和定位（Positioning）。属于市场营销战略组合。

STP 理论是指企业在一定的市场细分的基础上，确定自己的目标市场，最后把产品或服务定位在目标市场中的确定位置上。具体来讲，市场细分是指根据顾客需求上的差异把某个产品或服务的市场逐一细分的过程。目标市场是指企业从细分后的市场中选择出来的决定进入的细分市场，也是对企业最有利的市场组成部分。而市场定位就是在营销过程中把其产品或服务确定在目标市场中的一定位置上，即确定自己产品或服务在目标市场上的竞争地位，也叫"竞争性定位"。

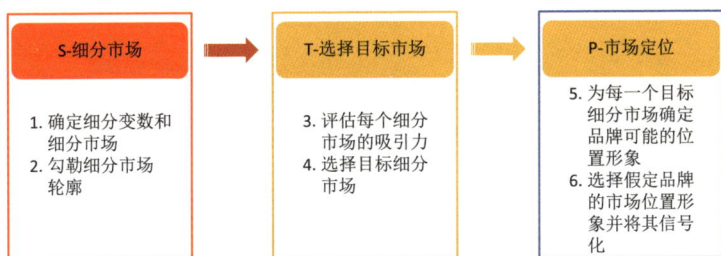

图 3-25　STP 理论

3. 产品生命周期模型

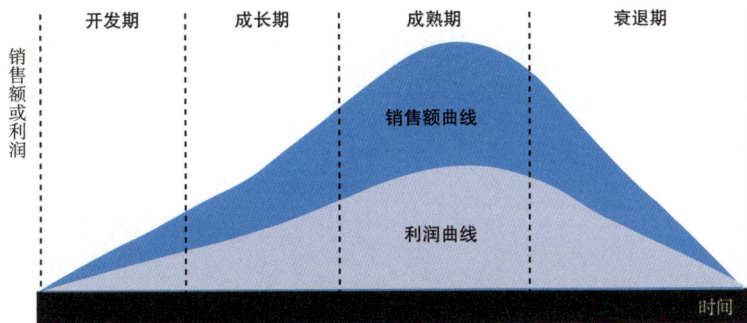

图 3-26　产品生命周期模型

营销策略	开发期	成长期	成熟期	衰退期
营销目标	开拓市场，创造产品知名度，提高使用率	市场份额最大	保持市场份额、争取利润最大化	削减支出，榨取品牌价值
产品策略	提供基本产品	提高产品质量，增加新产品功能、特色、样式	改进产品的质量、特色或样式，使品牌和样式多样化	逐步淘汰疲软项目
价格策略	采用成本加成	市场渗透价格	抗衡或击败竞争者价格	降价
渠道策略	选择分销	进入新的细分市场；密集分销，进入新渠道，扩大覆盖面	建立更密集的分销，从广度和深度上拓展市场	选择分销，逐步淘汰无利润的分销网点
广告策略	在早期使用者和经销商中建立知名度	产品利益诉求广告，激发兴趣；在大众市场建立知名度	品牌形象诉求广告，强调品牌利益；强调差异性	降到维持绝对忠诚度需求的水平

图 3-27　营销策略各阶段特点

4. 安索夫矩阵

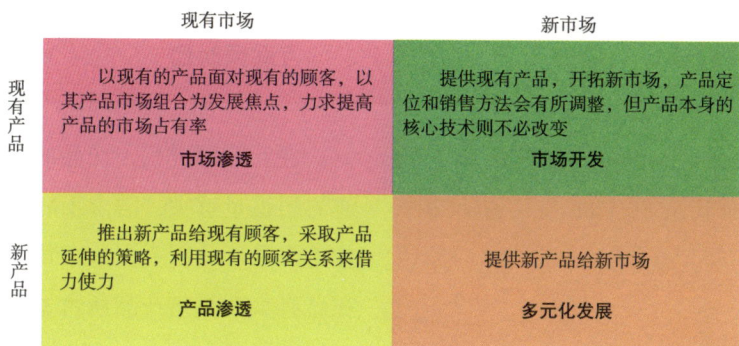

图 3-28 安索夫矩阵

5. 红海战略、蓝海战略

图 3-29 蓝海战略和红海战略

6. 二八定律和长尾理论

传统市场

二八定律

80% 的社会财富被 20% 的人所拥有，而其余 80% 的人只占有 20% 的财富。

互联网时代

长尾理论

在互联网时代，产品的存储和流通的渠道足够大，需求不旺或销量不佳的产品所共同占据的市场份额可以和那些少数热销产品所占据的市场份额相匹敌甚至更大，即众多小市场汇聚成可产生与主流相匹敌的市场能量。

7. 微笑曲线

微笑嘴形的一条曲线，两端朝上，在产业链中，附加值更多地体现在两端——研发和营销，处于中间环节的制造附加值最低。

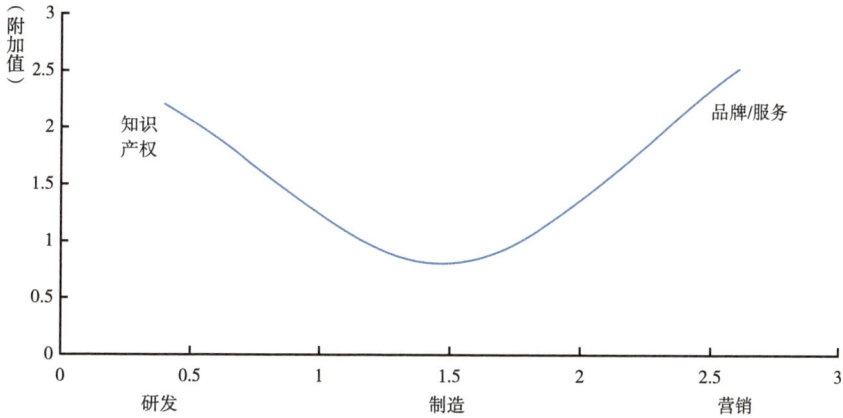

图 3-30　微笑曲线

8. 需求价格弹性

当商品的价格发生变动时，需求量也会发生变动，需求量的相对变化率与价格的相对变化率之比，称作需求价格函数。

$$E_{dp} = \frac{\Delta Qd/Qd}{\Delta P/P} = \frac{\Delta Qd}{\Delta P} \cdot \frac{P}{Qd}$$

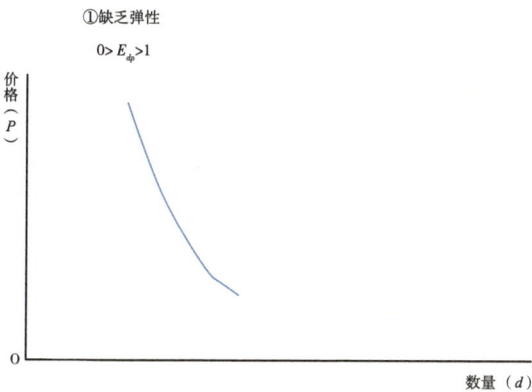

①缺乏弹性

$0 > E_{dp} > 1$

（a）日常用品：柴米油盐

②富有弹性

$-1>E_{dp}>-\infty$

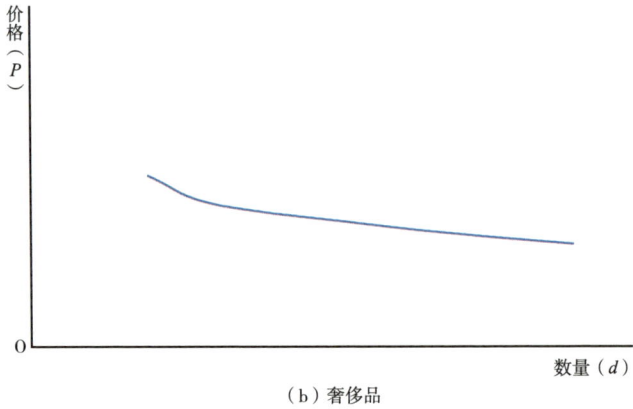

（b）奢侈品

③单一弹性

$E_{dp}=-1$

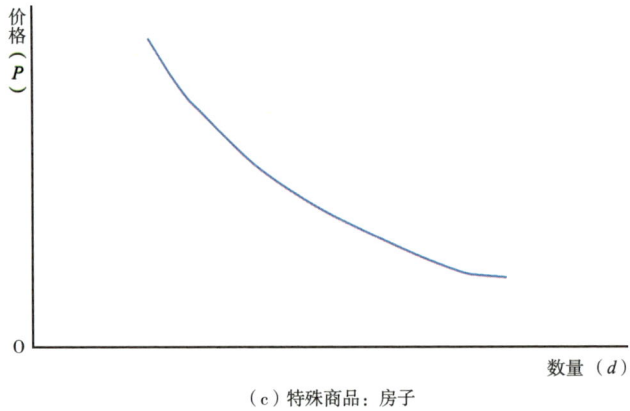

（c）特殊商品：房子

④完全弹性
$E_{dp}=-\infty$

价格（P）

0 　　　　　　　　　数量（d）

特殊情况——完全竞争市场

⑤完全无弹性
$E_{dp}=1$

价格（P）

0 　　　　　　　　　数量（d）

食盐、丧葬费

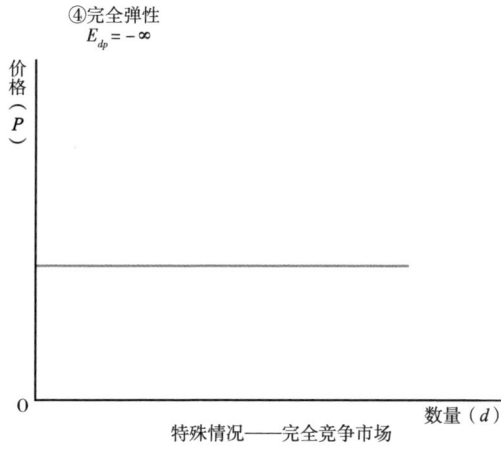

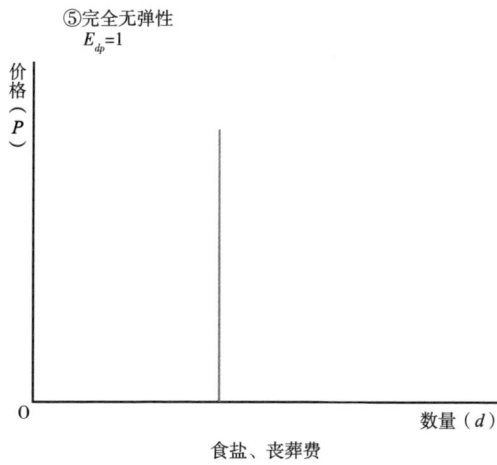

图 3-31　需求价格弹性

第六节　分析方法的应用

1. STP 理论

根据 STP 理论，我们应采取的战略决策和服务行为是什么样的？

（1）应该选择哪个细分市场；

（2）是否需要一个不同的组织向目标客户提供服务；

（3）是否准备进行必要的投资；

（4）不同的细分市场是否需要不同的服务；

（5）不同的细分市场能否承受不同的服务价格。

2. STP 理论应用

通过应用 STP 理论对客户的分析，对 IT 企业的服务行为有以下几个要求。

（1）向客户承诺所提供的服务将给他们带来不同的收益；

（2）提供服务时，针对不同客户，采取不同的交流沟通形式；

（3）我们的服务进行广告宣传时，应考虑使用不同的媒体；

（4）对不同客户，我们能够提供不同的服务支持。

3. STP 分析方法应用

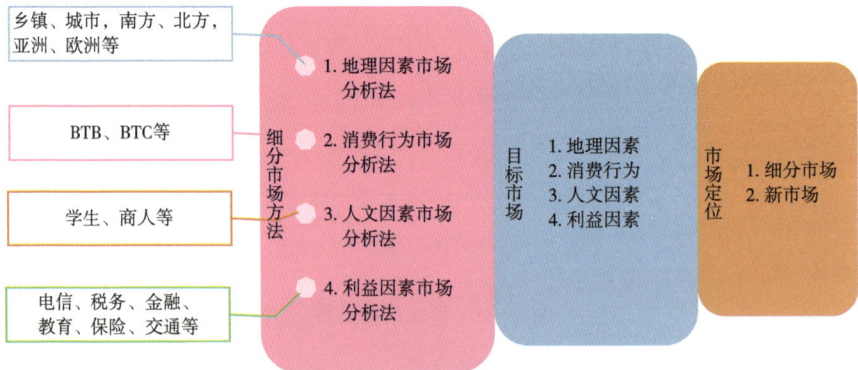

乡镇、城市，南方、北方，亚洲、欧洲等

BTB、BTC等

学生、商人等

电信、税务、金融、教育、保险、交通等

细分市场方法

1. 地理因素市场分析法
2. 消费行为市场分析法
3. 人文因素市场分析法
4. 利益因素市场分析法

目标市场

1. 地理因素
2. 消费行为
3. 人文因素
4. 利益因素

市场定位

1. 细分市场
2. 新市场

图 3-32　STP 分析方法应用（1）

4. STP 分析方法应用

图 3-33　STP 分析方法应用（2）

细分市场
1. 商圈属性
2. 人文特征
3. 消费者需求类型
4. 消费用途

目标市场
1. 地区
2. 零售客户
3. 目标消费者

市场定位
精准定位

5. 4P 营销理论分析

根据企业现有业务对产品进行 4P 分析

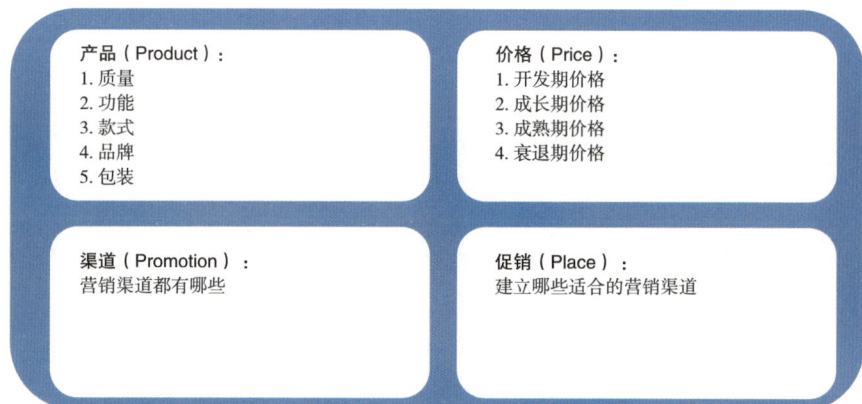

产品（Product）：
1. 质量
2. 功能
3. 款式
4. 品牌
5. 包装

价格（Price）：
1. 开发期价格
2. 成长期价格
3. 成熟期价格
4. 衰退期价格

渠道（Promotion）：
营销渠道都有哪些

促销（Place）：
建立哪些适合的营销渠道

图 3-34　4P 营销理论

思考问题

小贴士：在运用 4P 模型进行实战分析之前，首先应该进行市场细分。即根据不同需求、购买力等因素把市场分为由相似需求构成的消费群，即若干子市场（市场细分）；并结合自身战略和产品情况从子市场中选取有一定规模和发展前景，并且符合公司目标和能力的细分市场作为公司的目标市场。在市场细分、目标市场选择和定位的基础上，再结合 4P 战术进行分析。

（1）产品和市场分析

根据消费者需求、动机等情况进行市场细分，选定产品市场范围。

确定目标市场和目标市场营销策略（无差别性市场策略、差别性市场营销策略、集中性市场营销策略）。

市场定位，区别于其他企业同类产品的独特个性，即产品竞争优势。

（2）定价：市场需求如何，产品成本如何，市场同类竞争者的价格如何。

（3）渠道：直销、经销商和分销商。

（4）促销：采用人员推销还是广告，宣传费用成本占比如何，效果如何。

第四章　企业组织管理

第一节　组织的概念和特征

一　组织的含义

所谓组织，就是为实现共同目标而建立起来的，实现人与人之间分工与合作所必需的职责与权利关系的系统。

组织是由人及其相互之间的关系构成的。当人们之间相互作用以完成实现目标的基本活动时，组织就存在了。因此，可以说，组织的关键要素就是共同的目标和任务，以及在达成目标或完成任务的过程中人们之间建立的结构和关系。

二　组织的特征

1. 共同目标

目标是组织的愿望和外部环境结合的产物，受环境影响和制约，它描述了组织的愿景、共同的价值观和信念以及组织存在的原因，对组织具有强有力的影响。组织的共同目标一般有三个作用：一是给员工提供了一种方向感，告诉员工他们正在为什么而工作；二是为员工个人决策提供了指南；三是提供了绩效评价的标准。

2. 分工合作

组织作为一个系统，是一组相互作用的要素集合体，要素的相互作用意味着组织中的人或部门是彼此依存的，必须协同工作。任何一个组织系统都由若干个子系统组成，这些子系统分别承载着组织生存所需要的特定功能，如生产、边界联系、维持、适应以及管理等。

3. 责权系统

每个组织本身就是一个责权系统，通过明确每个员工的职责范围以及授予其相应的权力，来保证组织的有效运转以及组织目标的全面实现。

第二节 组织理论的发展

一般认为企业组织理论是随着工业革命的开始，从古典管理学派的组织理论中而发展起来的。有关组织理论的形成与发展，大致可以划分为三个大的历史阶段。

1. 古典组织理论

2. 行为科学组织理论

3. 现代组织理论

一 古典组织理论

该理论形成于 19 世纪末 20 世纪初，主要代表人物有美国的泰勒、法国的法约尔、德国的马克斯·韦伯等人。

1. 泰勒（泰罗）

工时与动作研究：

工作细分

在工人与管理者之间划清责任

提出例外原则，实行权力下授

对工人培训，与工人合作

2. 法约尔

（1）从组织管理过程的角度，提出了管理的五个基本职能，即计划、组织、指挥、协调和控制

（2）十四项原则——组织职能方面的指导原则，分别为劳动分工、权力和责任、纪律、统一指挥、统一领导、个人利益服从整体利益、人员的报酬、集中、等级制度、秩序、公平、人员的稳定、首创精神和团队精神。

（3）提出了"法约尔桥"的思路，即在层级划分严格的组织中，为提高办事效率，两个分属不同系统的部门遇到只有协作才能解决的问题时，可先自行商量、自行解决，只有协商不成时才报请上级部门解决。

3．马克斯·韦伯

（1）权力的来源

　　传统权力（世袭、低效率）

　　超凡权力（非理性）

　　法定权力（理性、法律）

（2）提出理想的行政组织体系

　　基于职能的专业分工

　　有明确规定的职权和等级

　　有职权与职责的规章制度

　　处理工作情况的程序系统

　　人与人之间的非人格关系

　　以技术能力为基础的雇员的选择与提升

对古典组织理论的评价

（1）为现代组织理论的发展奠定基础

（2）许多基本原理至今仍是正确的

（3）具有历史局限性

二　行为科学组织理论

进入20世纪30年代以后，管理思想和理论有了新的发展，出现了行为科学学派。该学派侧重研究的是管理中人的行为，其中最具影响的有社会系统学派和人际关系学派，主要观点有如下两个。

1. 对古典组织理论的修正和补充加入人的行为因素

2. 提出了"Y 理论",即将人性假设为喜爱工作、发自内心地愿意承担责任的理论。组织结构的设计必须考虑工作者的需要和特点,努力缩小上下级人员之间在心理上的距离

三 现代组织理论

自第二次世界大战以后,管理理论与实践领域出现了现代管理理论的许多流派,它们在组织理论方面提出了许多新的理论观点并进行了大量的实践总结。主要观点如下。

1. 管理过程学派的组织理论

代表人物:孔茨

主要观点:提出健全组织工作的 15 条基本原则

(1)有关组织工作的目的方面

目标一致原则、效率原则

(2)有关组织工作的起因方面

管理幅度原则

(3)有关组织结构的职权方面

分权原则、授权原则、职责的绝对性原则、职权和职责对等的原则、统一指挥的原则、职权等级的原则

(4)有关组织结构的按部门划分业务工作方面

分工原则、职能明确性原则、检查职务与业务部门分设的原则

(5)有关组织工作的过程方面

平衡的原则、灵活性原则、便于领导的原则

2. 经验主义学派的组织理论

代表人物:彼得·德鲁克 斯隆

主要观点:

(1)各学派各有所长,应综合运用

（2）归纳出企业组织结构的基本类型

（3）提出了目标管理的方法

3. 权变理论学派的组织理论

代表人物：劳伦斯　赫里格尔

主要方法：

研究组织的各子系统内部和各子系统之间的相互联系，以及组织与它所处的环境之间的联系，并确定各种变数的关系类型和结构类型。它强调在管理中要根据组织所处的内外部条件随机应变，寻求最佳的管理模式。

第三节　公司法人治理结构

一　定义

法人治理结构，又译为公司治理（Corporate Governance），是现代企业制度中最重要的组织架构。

狭义的公司治理主要是指公司内部股东、董事、监事及经理层之间的关系，广义的公司治理还包括与利益相关者（如员工、客户、存款人和社会公众等）之间的关系。

法人治理结构是公司制度的核心。

法人治理结构，按照《公司法》的规定由四个部分组成：

（1）**股东会或者股东大会**：由公司股东组成，所体现的是所有者对公司的最终所有权，是公司的最高权力机构（投资者）；

（2）**董事会**：由公司股东大会选举产生，对公司的发展目标和重大经营活动做出决策，维护出资人的权益，是公司的决策机构（决策者）；

（3）**监事会**：公司的监督机构，对公司的财务和董事、经营者的行为发挥监督作用（监督者）；

（4）**经理**：由董事会聘任，是经营者、执行者，是公司的执行机构（经营者）。

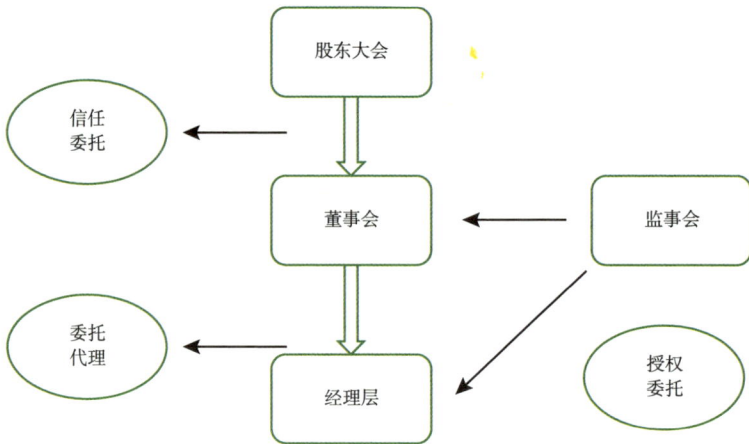

图 4-1　法人治理结构

1. 股东大会

根据我国《公司法》规定，股东大会的职权：

➤ 决定公司的经营方针和投资计划；

➤ 选举和更换非由职工代表担任的董事、监事，决定有关董事、监事的
报酬事项；

➤ 审议批准董事会的报告；

➤ 审议批准监事会或者监事的报告；

➤ 审议批准公司的年度财务预算方案、决算方案；

➤ 审议批准公司的利润分配方案和弥补亏损方案；

➤ 对公司增加或者减少注册资本做出决议；

➤ 对发行公司债券做出决议；

➤ 对公司合并、分立、解散、清算或者变更公司形式做出决议；

➤ 修改公司章程及公司章程规定的其他职权。

股东大会分为一年一度定期召开的年度股东大会和非定期的、因公司特
殊事项而组织召开的临时性股东大会。我国《公司法》规定，股东大会会议的
召集和组织者应为公司的董事会，股东大会应当每年召开一次年会，年度股东

大会应当于上一会计年度结束后的 6 个月内举行。除年度股东大会外，有下列情形之一的，应当在 2 个月内召开临时股东大会：一是董事人数不足本法规定的人数或者公司章程所定人数的 2/3 时；二是公司未弥补的亏损达到股本总额 1/3 时；三是持有公司股份 10% 以上的股东请求时；四是董事会认为必要时；五是监事会提议召开时；六是公司章程规定的其他情形。

2. 董事会

根据我国《公司法》规定，董事会的职权：

- ➤ 召集股东会会议，并向股东会报告工作；
- ➤ 执行股东会的决议；
- ➤ 决定公司的经营计划和投资方案；
- ➤ 制订公司的年度财务预算方案、决算方案；
- ➤ 制订公司的利润分配方案和弥补亏损方案；
- ➤ 制订公司增加或者减少注册资本以及发行公司债券的方案；
- ➤ 制订公司合并、分立、解散或者变更公司形式的方案；
- ➤ 决定公司内部管理机构的设置；
- ➤ 决定聘任或者解聘公司经理及其报酬事项，并根据经理的提名决定聘任或者解聘公司副经理、财务负责人及其报酬事项；
- ➤ 制定公司的基本管理制度以及行使公司章程规定的其他职权；
- ➤ 董事会会议通常每半年召开一次，由董事长召集，于会议召开 10 日前将会议时间、会议事项、议程等书面通知全体董事。董事会会议由半数以上的董事出席方可举行。

3. 监事会

根据我国《公司法》规定，监事会的职权：

- ➤ 检查公司财务；
- ➤ 对董事、高级管理人员执行公司职务的行为进行监督，对违反法律、行政法规、公司章程或者股东会决议的董事、高级管理人员提出罢免的建议；
- ➤ 当董事、高级管理人员的行为损害公司的利益时，要求董事、高级管理人员予以纠正；

➤ 提议召开临时股东会会议，在董事会不履行本法规定的召集和主持股东会会议职责时召集和主持股东会会议；

➤ 向股东会会议提出议案；

➤ 依照规定，对董事、高级管理人员提起诉讼；

➤ 公司章程规定的其他职权。

4. 经理

根据我国《公司法》规定，经理的职权：

➤ 主持公司的生产经营管理工作，组织实施董事会决议；

➤ 组织实施公司年度经营计划和投资方案；

➤ 拟定公司内部管理机构设置方案；

➤ 拟定公司的基本管理制度；

➤ 制定公司的具体规章；

➤ 提请聘任或者解聘公司副经理、财务负责人；

➤ 决定聘任或者解聘除应由董事会决定聘任或者解聘以外的负责管理人员；

➤ 董事会授予的其他职权。

二　国际上主要法人治理结构模型

英美模式：以股东会、董事会组成的公司机构和独立审计员的外部监督相结合，其关系是股东会选任董事和审计员，董事会对股东会负责，审计员对董事会日常活动进行监督。

德国模式：由股东会、管理董事会（董事会）和监督董事会（监事会）组成，其中由股东会选出董事和职工代表组成监督董事会，再由监督董事会选任管理董事会的成员，监督董事会具有相当大的权力。

日本模式：主要由股东会、董事会和监事会三大机构组成，其中，董事会和监事会均由股东会选举产生，并且由股东会罢免。

三 几种法人治理结构模式对比

表 4-1 几种法人治理结构模式对比

模式	结构特征	董事会权力大小	外部监督机制
英美模式	单层制。股东会下只设立董事会,不设监事会,董事会既是业务执行机构又是监督机构	董事会兼具经营与监督的双重职能。不过,为避免在实践中产生冲突,使监督弱化的现象,创立了独立董事制度,即要求公司董事会组成人员中必须有一定数额的外部独立董事来对公司的经营进行监督	外部审计员制度。审计过程旨在建立和确认依据公司会计记录和制度产生的会计信息的真实性,以便对公司根据其制作的账目发表意见
德国模式	双层制结构。股东会和职工共同产生监督董事会(监事会),监督董事会产生管理董事会(董事会),管理董事会负责公司日常经营管理并对监督董事会负责	董事会由监事会产生,对监事会负责。监督董事会拥有相当大的职权,监督董事会和管理董事会并不处于完全平等地位,而是监督与被监督、制约与被制约的关系。监督董事会不仅拥有法律赋予的监督权,而且还是董事会成员的选举人,并且有权罢免董事	职工参与制。二战以来,德国新的公司理念更倾向于将公司定义为"劳动与资本之间的一种伙伴关系",在公司治理结构中强调了职工的参与,监督董事会应由资本要素所有者和劳动要素所有者共同组成,从而为劳动与资本共同治理公司奠定基础
日本模式	双层制结构。股东会选举产生董事会和监事会,董事会选举产生代表董事,由其负责执行董事会的决定及处理日常经营事物,对外代表公司	董事会受监事会监督	双重监督。在日本公司法人治理结构中,除了设立监事会,还有监察人制度的存在。监察人可以是一人或数人,每位监察人都可以独立行使监督权,主要是对业务执行的合法性以及经营行为是否符合公司章程进行监督

四 我国主要的公司法人治理结构

政府主导型:主要存在于国有和国有控股公司,其往往是股权高度集中,在治理中以"内部人控制"为特征。

家族主导型:主要是为家族私营企业所采用,也部分存在于集体企业中,在这种模式中,股权基本上是在家族成员的手中。

法人主导型:主要存在于法人控股的公司中,即法人作为股东的各类公司，其以私营股份有限公司为主，股权也相对集中，但在这种模式中往往法人股东较为积极活跃，与市场的关系也相对密切。

第四节　组织结构的基本类型

一　直线制结构

直线制结构是一种最早也是最简单的组织形式。它的特点是企业各级行政单位从上到下实行垂直领导，下属部门只接受一个上级的指令，各级主管负责人对所属单位的一切问题负责。

优点：结构比较简单，责任分明，命令统一。

缺点：要求行政负责人通晓多种知识和技能，亲自处理各种业务。

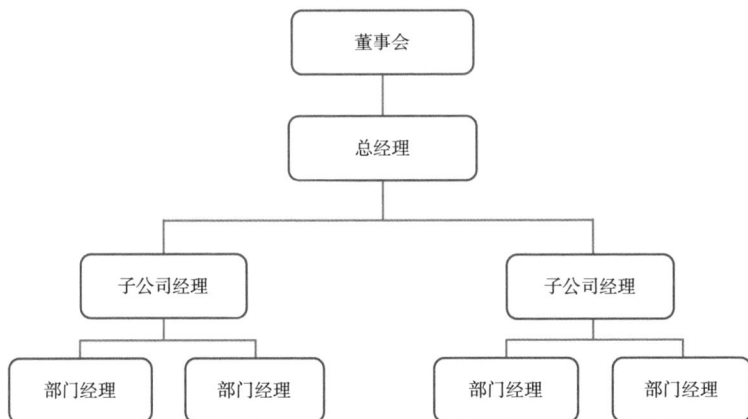

图 4-2　直线制结构

二　职能制结构

职能制结构是各级行政单位除主管负责人外，还相应地设立一些职能机构。这种结构要求行政主管把相应的管理职责和权力交给相关的职能机构，各职能机构就有权在自己业务范围内向下级行政单位发号施令。

优点：能充分发挥职能机构的专业管理作用，减轻直线领导人员的工作负担。

缺点：妨碍了必要的集中领导和统一指挥，形成了多头领导；不利于建立和健全各级行政负责人和职能科室的责任制，中间管理层往往会出现有功大家抢、有过大家推的现象。

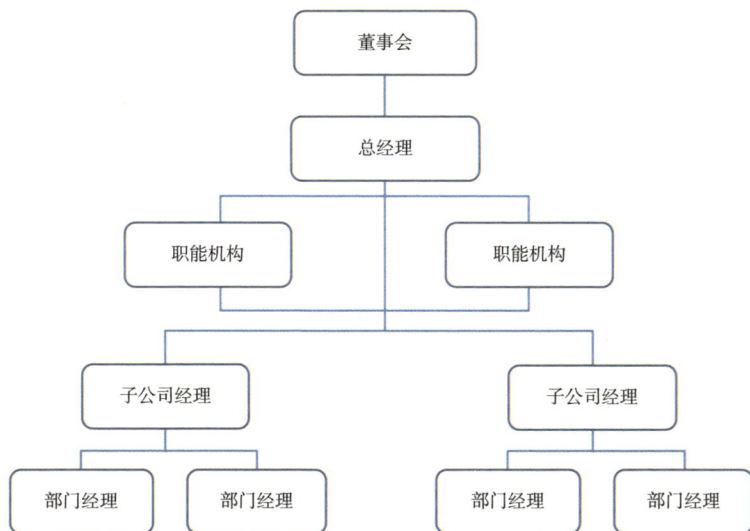

图 4-3　职能制结构

三　直线职能制结构

直线职能制结构把企业管理机构和人员分为两类：一类是直线领导机构和人员，按命令统一原则对各级组织行使指挥权；另一类是职能机构和人员，按专业化原则，从事组织的各项职能管理工作。直线领导机构和人员在自己的职责范围内有一定的决定权和对所属下级的指挥权，并对自己部门的工作负全部责任。而职能机构和人员，则是直线指挥人员的参谋，不能对直接部门发号施令，只能进行业务指导。

优点：既保证了企业管理体系的集中统一，又可以在各级行政负责人的领导下，充分发挥各专业管理机构的作用。

缺点：职能部门之间的协作和配合性较差，职能部门的许多工作要直接向上层领导报告请示才能处理。

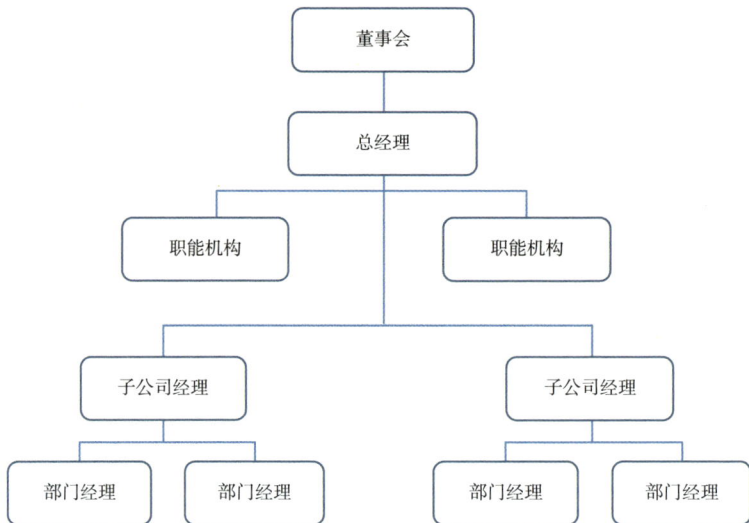

图 4-4　直线职能制结构

四　事业部制结构

事业部制结构是一种高度（层）集权下的分权管理体制。它适用于规模庞大、品种繁多、技术复杂的大型企业，是国外较大的联合公司所采用的一种组织形式，近几年，中国一些大型企业集团或公司也引进了这种组织结构形式。

优点：能够灵活对市场做出反应；权力下放，提高积极性；事业部具有独立性，能够培养人才，克服压力；责任明确，执行力强。

缺点：事业部制的独立性，容易引起本位主义；容易产生较高成本；对公司总部管理要求较高。

五　矩阵制结构

矩阵制结构在组织结构上，既有按职能划分的垂直领导系统，又有按产品（项目）划分的横向领导关系的结构。

优点：机动、灵活，可随项目的开发与结束进行组织或解散；由于这种结构是根据项目组织的，任务清楚，目的明确，各方面有专长的人都是有备而来的。

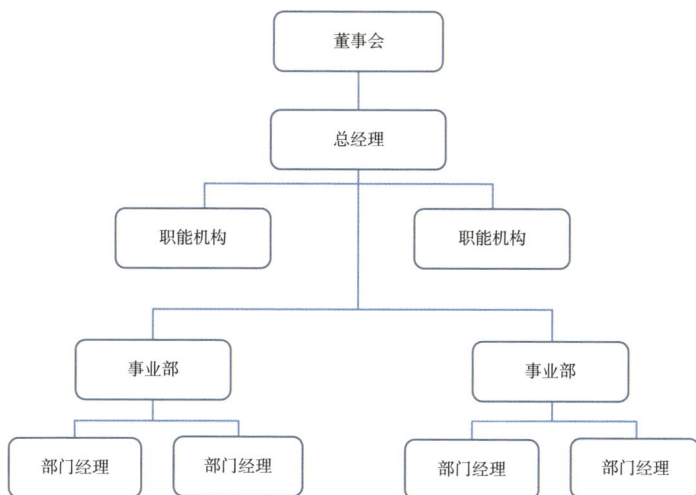

图 4-5　事业部制结构

缺点：项目负责人的责任大于权力，因为参加项目的人员都来自不同部门，隶属关系仍在原单位，只是为"会战"而来，所以，项目负责人对他们进行管理很困难，没有足够的激励手段与惩治手段，这种人员上的双重管理是矩阵结构的先天缺陷；由于项目组成人员来自各个职能部门，当任务完成以后，仍要回原单位，因而容易产生临时观念，对工作有一定影响。

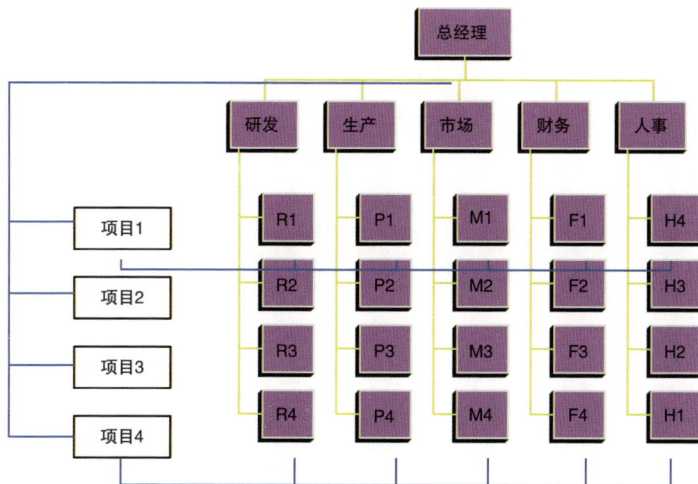

图 4-6　矩阵制结构

六　几种组织结构类型对比分析

表 4-2　几种组织结构类型对比分析

组织结构名称	优势	缺陷
直线制组织结构	（1）上下级关系简明，层级制度严格明确，职权和职责分明； （2）管理沟通的速度和准确性在客观上有一定的保证； （3）便于统一指挥、集中管理，增强各级主管人员的责任心	（1）管理沟通的速度和质量严重依赖于直线中间的各个点； （2）没有职能机构作为人员的助手，容易使主管人员产生忙乱现象
职能制组织结构	（1）充分发挥项目管理职能机构的专业管理作用； （2）提高专业化技术水平，发挥各部门专家的作用； （3）减轻直线领导人员的工作负担	（1）各职能部门过多考虑自己部门利益，以至于项目目标实现受阻； （2）没有人对项目总体承担责任，造成项目组织纪律松弛和管理秩序混乱的现象
直线职能制组织结构	（1）保证企业管理体系的集中统一，提高组织结构的稳定性； （2）充分发挥各专业管理机构的作用，促进管理效率提高； （3）对市场变化反应灵活	（1）造成企业组织机构臃肿、管理层次多； （2）权力过度集中，下级缺乏必要的自主权； （3）项目结束后全体成员又面临重新组织的问题，使得员工缺乏责任感和归属感
事业部制组织结构	（1）总部可以从战略角度制定整个企业的发展目标； （2）可以对企业内外部资源在各事业部之间进行合理配置； （3）可以对企业内外部资源在各事业部之间进行合理配置； （4）对市场变化做出灵活及时的反应	（1）总部与事业部职能机构互相重叠，造成管理费用增加和人力资源浪费； （2）事业部实行独立核算，各事业部会只考虑自身利益，影响事业部之间的协作； （3）业务联系与日常沟通被经济关系所取代
矩阵制组织结构	（1）项目组织结构比较机动灵活 （2）增强项目组织成员的责任感，促进项目目标的实现 （3）加强不同部门之间的协同工作和信息交流	（1）纵横交叉的双重领导，很容易造成效率低下 （2）常出现责任不清、互相扯皮的矛盾 （3）任务完成以后就要解散，导致他们的责任心下降，对工作效果有一定影响

第五节　几种分析方法

一　马利克管理者模型

马利克管理者模型主要介绍了与管理者相关的几个维度，分别是：

管理者（自我管理）

上级（管理上级）

同事（管理同事）

下属（管理下属）

外部环境（管理外部环境、客户、机构等）

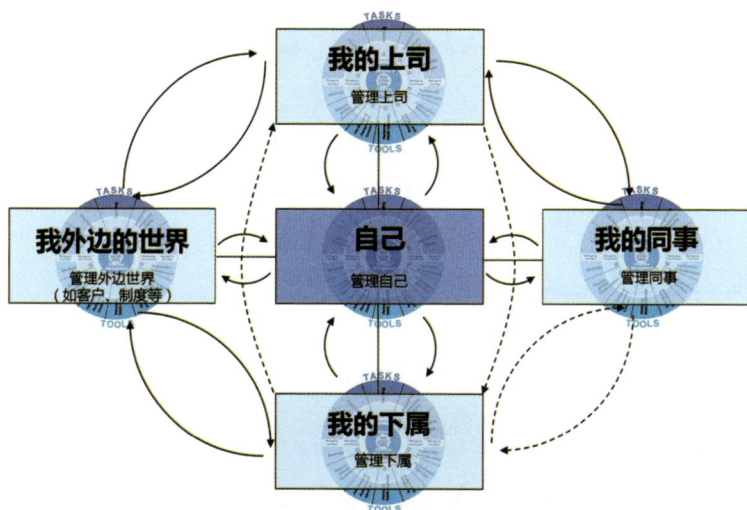

图 4-7　马利克管理者模型

二　马利克有效性标准模型

有效性管理的六个原则是：一是结果导向；二是整体贡献；三是聚焦关键；四是利用优势；五是信任；六是积极建设性的思考。有效性管理的七个工具是：一是高效的会议；二是书面汇报；三是岗位设计；四是个人工作方法；五是预算；六是绩效评估；七是系统舍弃。

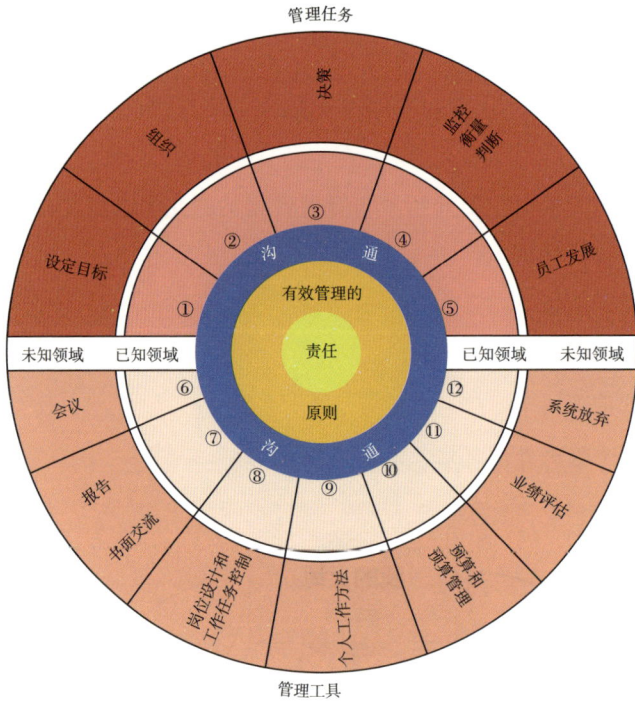

图 4-8　马利克有效性标准模型

三　马利克可生存系统模型

　　马利克可生存模型是管理复杂性的最佳控制系统，它的系统功能包括目标与识别、理解力与适应性、实时信息（含优化）、自我协调与合作、运转。

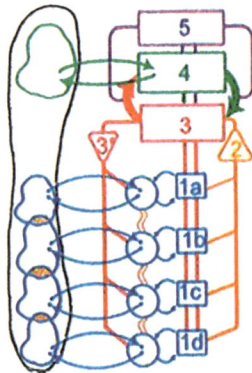

图 4-9　马利克可生存系统模型

四　艾森豪威尔矩阵

艾森豪威尔矩阵也称为时间管理优先矩阵，是新一代的时间管理理论，它把时间按紧迫性和重要性划分成四类，如图 4-10 所示，根据这种方法，确定各行动方案的优先顺序。

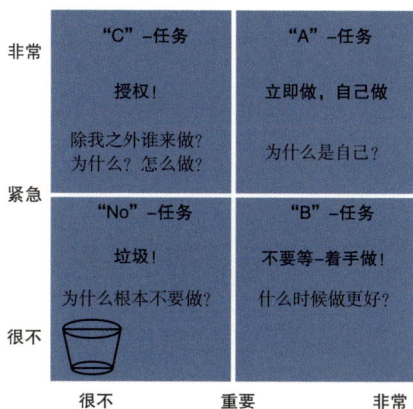

图 4-10　艾森豪威尔矩阵

五　MD企业组织设计模型（分工、合作、制度模型）

在经过实际经营探索后，我们认为企业管理的三原则是分工、制度、合作。

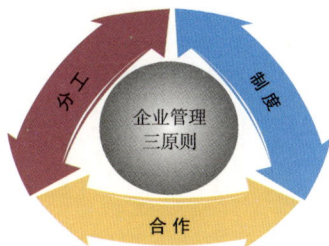

图 4-11　企业管理三原则

附录

如何成为有效的企业管理者
——马利克黄金"5、6、7"管理法则的学习思考

牡丹集团党委书记、董事长　王家彬

通过为期半个月的圣加仑学习之旅，我系统学习了以弗洛蒙德·马利克教授为代表的圣加仑管理学派的管理学思想，该学派是以复杂性系统为认识论基础、以控制论为方法论基础的一门管理学说。

此次学习的目的是创新型业务的管理，其中一个重点课程，是学习了高效率管理的"有效性之轮"，这是一种既适用于管理已知的任务（经营管理），也适用于新的任务（创新管理）的管理学方法。他继承了彼得·德鲁克的观点，特别强调管理是一种职业，"创新与变革（新事物）的管理与熟悉的事物相同，只是管理新事物要求更高的掌握程度、更精通的管理。情况可以比作开汽车，方法总是一样的，但根据交通状况需要更高的熟练程度、掌握程度和经验"，因此管理是可以学习的，管理者是可以通过教育养成的。

作为一名从事企业工作多年的高层管理人员，我对他的这个观点深表赞同。并且我认为当前和未来我们创新型业务管理的关键在于培养出合格的职业管理者。下面就本次学习的内容，主要是有效性之轮，即由任务、工具、原则和责任四部分构成的高效率管理的"有效性之轮"模型，结合我多年的工作经历，谈一下对如何成为合格的职业管理者的认识。

一　有效性管理的五个任务

管理者的任务是管理，必备的工具也是管理，同时管理又是一种职业。因此管理者必须进行管理，必须学习管理，必须进行有效的管理。

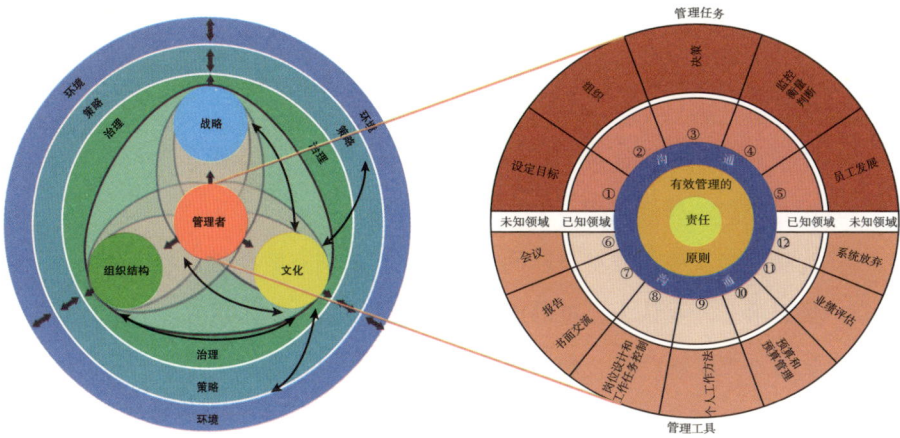

图 1　通用管理模型中的有效性标准模型

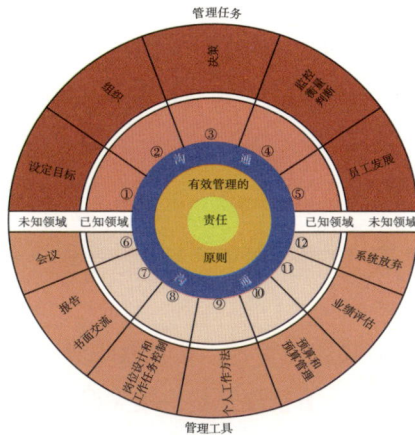

图 2　马利克管理"有效性之轮"

我们看到，位于轮子中心的是责任。责任两个字，非常简单，但有多少管理者，承担着管理职能又不愿意承担管理责任。有些人，看中权力、影响力、收入，但不愿意承担相应责任，这是行不通的。很多管理者，当他们不愿意承担责任的时候，他们就不是有效的管理者。假如我们都愿意承担责任，那么我们怎样才能成为有效的管理者呢？

当然我们知道，有效是指做正确的事；高效是正确地做事！获取最大的价值。

首先是责任感。

一句话，责任感：得从生活中去学习！

其次是我们的管理原则。

作为管理者，我们要有自己的行为准则。马利克教授说，顾客第一，组织第二，员工第三。我认为，可以加上社会责任第四，股东第五。当然，这种排序，也是为了更好地产出，是真正地为股东负责任。我们需要知道我们的行为准则是什么，才能知道哪些人可以为公司工作。我们要去有效地将个人原则、组织原则和管理责任结合起来，不仅要承担个人责任，还要承担组织和管理责任。职业，就意味着可以学习。我们可以把规范的行为准则列出来要求大家学习，但是读会准则后，就可以来这里工作了吗？未必，还需要亲身去体验。如果这个行为准则是可以接受的，那么，对于职业的管理者，自己就会调整自己。原则不是学校里能够学习的。需要体验和他人指点，才能自己做出选择，是否来承担这些责任。

这些准备到位了，我们才可以知道，要承担什么管理任务。马利克教授认为，管理者的任务有五个：一是目标设定；二是组织资源；三是决策；四是衡量、监督；五是员工发展。

所有这些任务，都需要承担责任。这是管理者的任务。作为管理者，一方面要承担决策的责任，另一方面要承担决策失误的风险。因此，理应才会挣的比别人的工资高一些。最差的管理者，是那些不愿意做决策的管理者。彼得·德鲁克认为决策可以塑造一个管理者，也可以毁掉一个管理者。作为有效的管理者，要永远都像园丁一样，完成这五个基本的管理任务。

二　有效性管理的七个工具

对于管理工具，合理灵活地运用好以下七个，就可以完成基本的管理任务，有效地做正确的事情了。

1. 高效的会议

会议的方式可以有区别，一般文化会体现出很大影响，比如，在德国是讨论，而印度是通报。在中国，情况特殊，大部分时间要集中开会，才能高效。

2. 书面汇报

这是必须进行但又难以坚持的方法。

3. 岗位设计

设定目标和责权利组织的时候，就需要岗位设计工具，也要看如何结合原来的优势。所以不仅要设计岗位，还要进行控制。不仅管理组织，还要管理人，还要对自己进行管理，如时间、授权等。

4. 个人工作方法

个人工作方法，也是有效做正确的事的关键。

5. 预算

预算编制也是个管理工具。要把总体目标分解成若干分目标，落实到人，才能达到目标。因此，要根据人才、财力和知识，来思考所有的业务和流程。

如果能够参与预算编制，说明我们对业务是相当了解的。要鼓励一些年轻经理人去参与这份工作，了解这个阶段都需要什么资源去支撑。这又是人员发展的工具，可以帮助年轻经理成长。所有每个工具都是和任务相关的。所以预算既是任务，又是工具。

6. 绩效评估

这是个非常关键的管理工具。绩效评估，问一问目标是能够达到及其原因。用绩效评估，可以对上面几项形成闭环。

7. 系统舍弃

从仿生学上说，排毒功能是很重要的，作为一个生物体，通过排泄才能保持正常体量和旺盛的精力。组织是人为的机构，不是生物体，但也应有生物体一样的排污功能。因此需要这个管理工具，去排掉废物，使组织处于正常状况。系统舍去，是观察和筛选，进行系统的舍弃。

组织结构的持续优化，怎么样才能达到这样一个目标呢？有哪些是作为管理者要关注的？我们每年都定一些 KPI 指标，这些指标是否要评估，是否舍弃，谁来执行这个舍弃的任务？这是在企业管理中始终要重点思考的问题。

最后，沟通无处不在，它不是一个任务，但会不断地成为后一个任务，和任何一个工具等同。所以它既不是任务，也不是工具，而是一种媒介。

"有效性之轮"，可以帮助马利克"通用模型"中的管理者有效地去管理。那么组织中，有哪些管理对象呢？马利克认为管理有五个维度：一是自己；二是上司；三是下属；四是同事；五是环境。

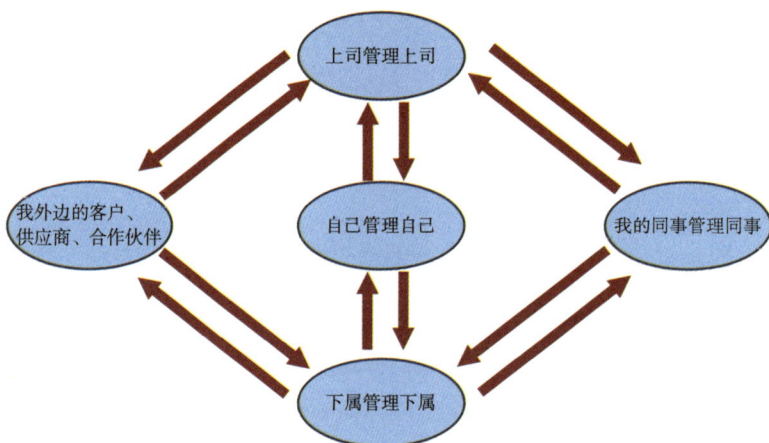

图 3　管理的五个维度

由此，我们可以知道，在一个组织中，"人人都是管理者"。马利克教授的理论和实践，也使"人人都是管理者"成为可能。

管理者需要考虑能做哪些工作去达成他的目标，能做哪些工作去支撑自己的上级。从上到下，达成一致，纵横都一样。如果维度相同了，那么管理就足够了。

除了这五个维度，还有另外的责任，谁负责我们和上级，和下属关系变得更融洽？当然，永远是我们自己。所以关系若不融洽，不要抱怨对方。如果有人抱怨上级不专业，这个不是、那个不行，那他不是一个管理者。作为管理者，是应该处理好四个关系中的唯一负责任的人。

三　有效性管理的六个原则

日常工作中有人经常吐口水，"你才是唯一应该负责任的人"。管理上司，不是领导上司，而且采取哪些措施去支撑上司，来实现全程必要的目标，每个人都有自己的行为准则，组织也有自己的原则。原则是指导我们行为的一个准则，也能够让我们的行为聚焦。原则容易理解，用于实践很难。原则是和责任密切相关的。指导管理的原则，应该包括以下六个。

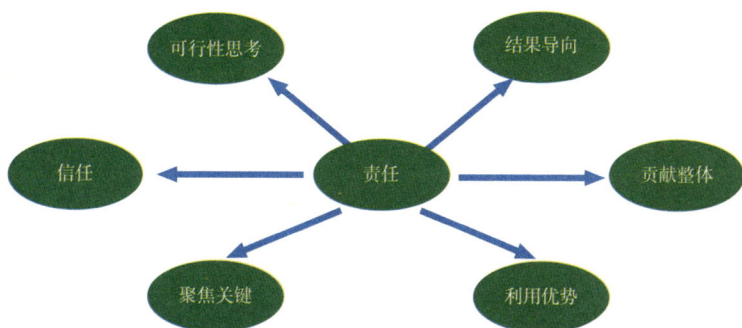

图 4　有效管理的六个工具

1. 结果导向

很简单，很容易理解，但很难达成目标。为什么要不断重复地提醒团队成员？因为人的本性在于输入，而不是输出。总是抱怨"我今天工作是十个小时？"，是没有意义的，所有输入都没有输出重要。工作几个小时并没意义，产出多少才有意义。所以，管理关注的重点不应是花了多少时间，而是结果是什么。另外比如在哪儿工作的问题。如果结果是好的，哪里办公、什么时间都无所谓。办公室还是家里，白天或晚间，最后以结果考量。我们思考工作的方式，在于是否可以有最后的结果。

2. 贡献整体

工作的意义，关键是为组织整体，做出贡献！因此我们要思考，个人为整体能做出什么贡献？什么事情使贡献整体变得困难？这和人的心理有重大关系。不应该争论贡献，而应考虑怎么做才能使整体有利！如果是这个前提，我们一定能找到这样一个方案。不要聚焦谁对谁错，而要考虑结论对整体是否有利！

3. 聚焦关键

为什么要不断提醒自己要遵循这个原则？因为懒惰是人的天性。管理者有一种倾向，希望同时关注到所有的事情。工作日，都在忙什么？处理 30~50 件事情。然后，可能工作了 10 个小时，可能更多，一回顾，又什么都没做。如果小事都兼顾，就不是以结果为导向。所以，我们作为管理者，要整理时间，聚焦在一小部分，但是特别重要的事情上。一个人，一次只能处理 7±2 个工作。我们也可以反思，我们自己能做多少。聚焦关键使我们能达到以结果为导向。

4. 利用优势

人性，喜欢聚焦在弱点上，因此工作中要不断提醒利用优势。人性要是一旦聚焦在某个弱点上，很快就会关注别的弱点，而不是优势。所以管理者要调整思维，去找他们的优势在哪里。比如，员工竞争力到底如何。

比如对于沟通差的员工，人力资源相应的反应，是培训，是补短板，但是如果不是有针对性的培训，非常可能造成一个可能高绩效的员工，顶多到平均水平，意义没有那么大。因此，我们的方法，应该是适应聚焦优势，促进员工发展。而员工优势，在于是否有助于适应岗位任务之后的发展。

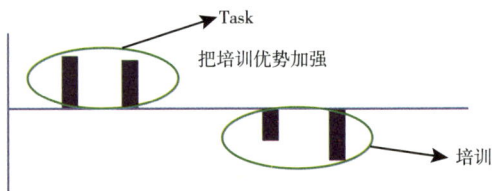

图 5　优势利用

比如：提拔一个好的销售人员，就要看他是否善于管理别人，否则，可能失去一个很好的销售，而找到了一个很不好的销售经理，陷入管理学上的"彼得陷阱"。同时，我们要关注怎么样让弱势不影响绩效？员工的弱势，能否让别人分担？因此，要发挥优势，来优化组织结构；优势互补的来组成团队，特别是员工招聘的时候，就要招对人！一定要针对优势，为整体贡献而招人，防止招聘你喜欢的人，要招聘能完成岗位任务的人。

5. 信任

值得下属信任，对管理者和组织都是有益的。强有力且稳定的信任，可以减少监督的频次，去做其他更多的工作。

信任有了，投入就会减少很多。那么怎么建立信任？

信任和监督是紧密相连的；信任建立是很缓慢的过程。所以建立信任要小心、谨慎；信任建立，也影响如何对待成功和失败。打破信任最好的方法就是推卸责任，信任瞬间就会被摧毁。所以下属做错事，管理者一定要与出事者沟通！对外，责任是管理者自己应该承担的；对内，让犯错误的人，今后不再犯错误。

当员工成功时，功劳应当属于个人。管理者自己成功了呢，功劳是谁的？我们说成功是属于团队、公司、全体员工的。要运用信任来指导我们的行为，所有的行为就是可以推导的了。我们要把信任的原则和上下左右分享。

6. 积极建设性的思考

这一点，对于变革非常重要。对于变革，人们就会找到 1000 个理由去抵制。比如，资源不够，时机不好等。所以，不要谈为什么做不成，而是有什么解决方案能把事情办成；不是用铁腕手段，而是找出解决方案，使不可能成为可能；不是廉价的鼓励，而是切实帮助他人找到解决方案。

思考

问题	解决方案
1 ------------	• ------------
2 ------------	• ------------
3 ------------	• ------------
• ------------	• ------------
• ------------	• ------------
• ------------	• ------------
n ------------	• ------------

图 6　建设性的思考

　　马利克认为，总结一个组织中常被提出来的存在的主要问题，一定总共有50条左右，不会太多，而且是任何一个组织都通常存在的问题，一般不会更多。要转换大家的思维方法，从积极的角度去思考。员工经常会带着问题来找领导。但是，我们不是问题的解决者，我们是决策者，员工带来问题的同时也应该带来2 ~ 3个解决方案。员工应该思考解决方案，而不是期待领导解决问题，让领导决策。

　　这就是马利克有效管理的学习体会。也是对马利克"黄金5、6、7"管理方法的一次重新学习。我的学习未必精到，也建议有志于把管理当作职业的各位同仁，深入研究一下马利克教授的管理学说。

2018 年 3 月 25 日

思考问题

1. 请大家结合组织结构类型的分析，分析你所在的公司选择了哪种组织结构类型及其优缺点。

2. 请大家根据法人治理结构内容，分析你所在的组织法人治理结构方面存在哪些问题。

第五章　企业运营管理

第一节 计划管理

一 计划管理的概念

计划：经营管理者在特定时间段内为实现特定目标体系，对要完成特定目标体系而展开的经营活动所做出的统筹性策划安排。

计划管理：对"统一过程"的管理。

（1）根据有关指令和信息组织有关人员编制各种计划；

（2）协助和督促执行单位落实计划任务，组织实施，保证计划的完成；

（3）利用各种生产统计信息和其他方法（如经济活动分析、专题调查资料等）检查计划执行情况，并对计划完成情况进行考核，据此评定生产经营成果；

（4）在计划执行过程中环境条件发生变化时，及时对原计划进行调整，使计划仍具有指导和组织生产经营活动的作用。

二 计划管理的意义

如果企业的经营活动在执行前经过了科学预测、全面分析、系统筹划，以及对计划执行过程中可能出现的偏差制定了相应的措施，那么就可以确保企业经营活动结果是可预测、可控制的。

而编制科学的计划，并对其实施有效管理，是企业经营活动的核心内容，必将带来企业经营效益和效率的极大提升，为企业的可持续发展奠定良好的基础。

三　计划管理的分析模型

PDCA 模型

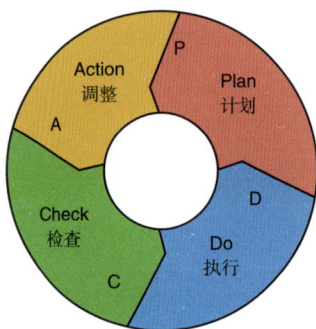

图 5-1　PDCA 模型

PDCA 是英语单词 Plan（计划）、Do（执行）、Check（检查）和 Action（调整）的第一个字母，PDCA 循环就是按照这样的顺序进行质量管理，并且循环不止地进行下去的科学程序。

（1）计划，包括方针和目标的确定，以及活动规划的制定。

（2）执行，根据已知的信息，设计具体的方法、方案和计划布局；再根据设计和布局，进行具体运作，实现计划中的内容。

（3）检查，总结执行计划的结果，分清哪些是对了，哪些是错了，明确效果，找出问题。

（4）调整，对总结检查的结果进行处理，对成功的经验加以肯定，并予以标准化；对失败的教训也要总结，引起重视。对于没有解决的问题，应提交给下一个 PDCA 循环去解决。

第二节　生产管理

一　生产管理的概念

生产管理：有计划、有组织、有指挥、有监督调节的生产活动，以最少的资源损耗，获得最大的成果。

生产管理的内容

（1）生产组织工作：选择厂址，布置工厂，组织生产线，实行劳动定额和劳动组织，设置生产管理系统；

（2）生产计划工作：编制生产计划、生产技术准备计划和生产作业计划等；

（3）生产控制工作：控制生产进度、生产库存、生产质量和生产成本等。

二　生产管理的意义

（1）确保生产系统的有效运作，全面满足产品品种、质量、产量、成本、交易期和环保安全等各项要求；

（2）有效利用企业的制造资源，不断降低物耗，降低生产成本，缩短生产周期，减少在制品、压缩环节占用的生产资金，以不断提高企业的经济效益和竞争能力。

（3）为适应市场、环境的迅速变化，要努力提高生产系统的柔性，使企业能根据市场需求不断推出新产品，并使生产系统适应多元化生产，能够快速调整生产，进行品种更换。

三　生产管理的分析模型

关键路径法（Critical Path Method, CPM）

1957 年，雷明顿 - 兰德公司（Remington - Rand）的 JE 克里（JE Kelly）和杜邦公司的 MR 沃尔克（MR Walker）提出。

合理而有效地对项目进行组织，在有限资源的条件下以最短的时间和最低的成本费用完成整个项目。

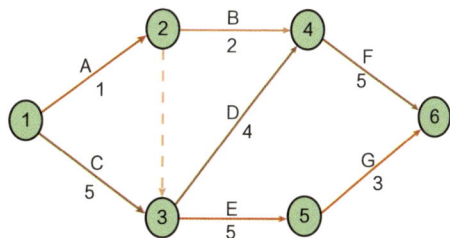

图 5-2　双代号网络示意

图中 A、B、C 表示工作（工序名称），1、2、5 表示该项工作所需时间。圆圈表示节点，节点既是前面工作的完成点，也是后面工作的开始点。

关键价值流程分析——价值流程和组织分析

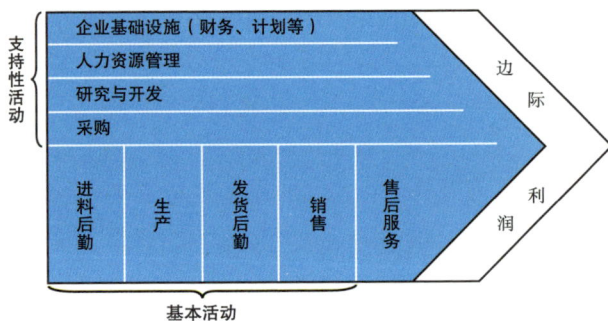

图 5-3　价值流程和组织分析

关键价值流程分析——西南航空价值流程分析

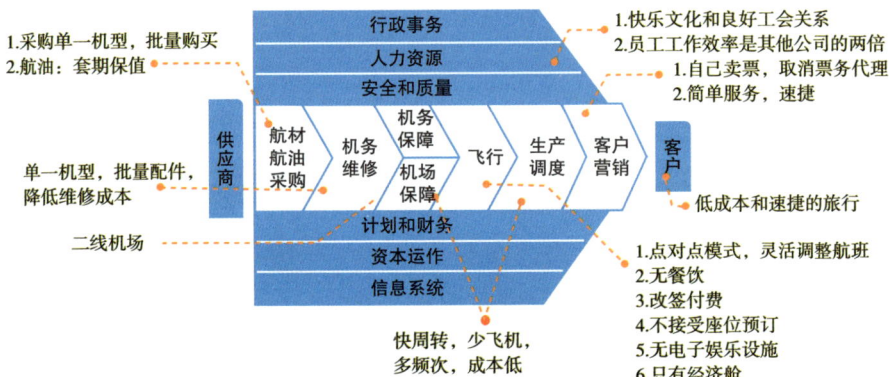

图 5-4　西南航空价值流程分析

第三节　库存管理

一　库存管理的概念

库存管理是对制造业或服务业生产、经营全过程的各种物品、产成品以及其他资源进行管理和控制，使其储备保持在经济合理的水平上。库存管理的内容包含仓库管理和库存控制两个部分。

仓库管理：库存物料的科学保管，以减少损耗，方便存取。

库存控制：要求控制在合理的库存水平，即用最少的投资和最少的库存管理费用，维持合理的库存，以满足使用部门的需求，减少缺货损失。

二　库存管理的意义

掌握库存量动态，适时、适量提出订货，避免超储或缺货；减少库存空间占用，降低库存总费用；控制库存资金占用，加速资金周转。

库存量过大产生的问题：

增加仓库面积和库存保管费用，从而提高了产品成本；

影响资金的时间价值和机会收益；

掩盖了企业生产、经营全过程的各种矛盾和问题。

库存量过小产生的问题：

不利于抢占市场；

造成服务水平的下降，影响销售利润和企业信誉；

使订货间隔期缩短，订货次数增加，订货（生产）成本提高。

三　库存管理分析模型

1. 经济订货批量（EOQ）的模型

1915 年，美国 F.W. 哈里斯发明

$$Q_0 = \frac{\sqrt{2SDH}}{H}$$

其中：D：总需求（生产）量

S：单次订货（生产）成本

H：每件产品的年储存成本

Q：每次订货（生产）量

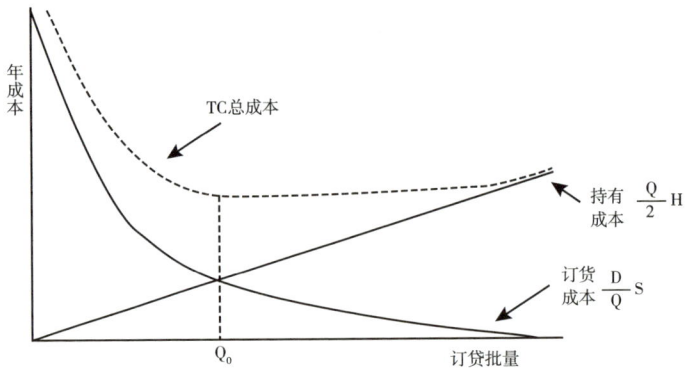

图 5-5　库存管理分析模型

2. ABC 分类法

第一步，计算每一种材料的金额。

第二步，按照金额由大到小排序并列成表格。

第三步，计算每一种材料金额占库存总金额的比重。

第四步，计算累计比重。

第五步，分类。累计比重在 0%~60% 之间的，为最重要的 A 类材料；累计比重在 60%~85% 之间的，为次重要的 B 类材料；累计比重在 85%~100% 之间的，为不重要的 C 类材料。然后对每类材料进行分类管理。

表 5-1　ABC 分类法							
材料名称	料号	年使用量	单价	使用金额	占总金额比重	累计比重	分类
A					25%	25%	
B					16%	41%	
C					8%	49%	A 类
D					6%	55%	
E					5%	60%	
F					2%	62%	
G					1.8%	63.8%	
H					1.5%	65.3%	
I					1.4%	66.7%	B 类
J					1.3%	68.0%	
K					—	—	

续表

材料名称	料号	年使用量	单价	使用金额	占总金额比重	累计比重	分类
L							
M							B类
N							
O						85%	
P							
Q							C类
R						100%	
合计					100%		

3. 1.5倍原则

1.5倍原则是库存管理的主要内容之一，是经过很多公司的销售实践总结出来的安全存货原则，具体数据是建立在上期客户的销量基础上本期建议客户订单的依据。1.5倍原则用好了以后，可以保证客户有充足的存货，降低断货、脱销的可能性，保证客户随时都能买得到所需要的产品，帮助客户不漏掉每次成交的机会。

安全存货量＝上次拜访后的实际销量 ×1.5

建议的订货量 = 安全存货量 – 现有库存

第四节　物流管理

一　物流管理的概念

在社会再生产过程中，根据物质资料实体流动的规律，应用管理的基本原理和科学方法，对物流活动进行计划、组织、指挥、协调、控制和监督，使各项物流活动实现最佳的协调与配合，以降低物流成本，提高物流效率和经济效益。

物流管理的意义

"第三个利润源泉"

二　物流管理的分析模型

1. 采购

2. 仓储

3. 配送

4. 运输

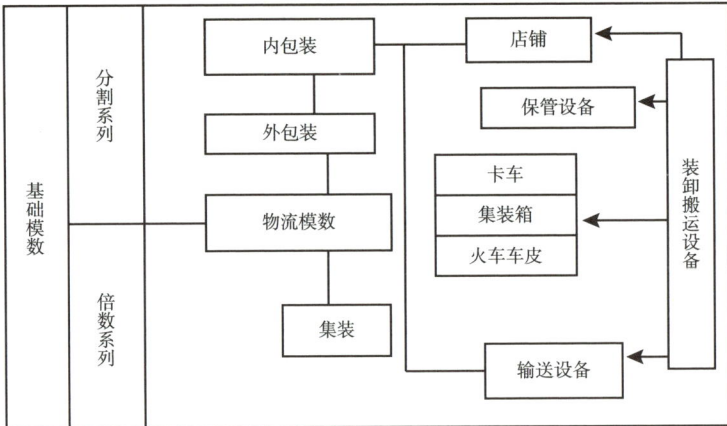

图 5-6　物流管理的分析模型

第五节　信息管理

一　信息管理的概念

信息管理是指在整个管理过程中，人们收集、加工和输入、输出的信息的总称。信息管理的过程包括信息收集、信息传输、信息加工和信息储存。

二　信息管理的重要性

1. 影响和决定组织的生存

2. 能够为组织带来收益

3. 获取和使用信息要支付费用和成本

4. 信息具有很强的时效性，延迟的信息可能起到相反的作用

5. 信息的使用者应当考虑信息的费用与它为改善管理所带来的功效相比是否合算

三　信息管理分析模型

企业系统规划法（Business System Planning, BSP）, 由 IBM 公司提出，一般认为它适合较大型的信息系统规划。

1. 研究的准备工作

企业的最高层领导亲自参与；企业各主要业务部门的负责人能正确解释他们所在部门得到的资料；由经验丰富的系统分析师全面负责；在整个工作中，各业务部门具体管理人员积极配合，提供详细真实的材料。

2. 研究的开始阶段

首先，由企业的最高领导介绍研究的目标、期望的成果和研究的愿景，以及企业的活动和目标的关系。其次，由系统分析员介绍收集到的相关资料，使成员熟悉有关资料。系统分析员还应该对有关问题提出自己的评价和看法。最后，由各重要业务部门的负责人介绍本部门数据处理的情况。

3. 定义企业过程

定义企业过程是核心。研究组的每个成员均应全力以赴去识别它们，描述它们，对它们要有彻底的了解，只有这样，BSP 才能成功。整个企业的管理活动由许多企业过程组成。识别企业过程要依靠已有材料进行分析研究，但更重要的是要和经验丰富的管理人员讨论商量。

4. 定义数据类

企业过程被识别后，下一步就是要对由这些过程所产生、控制和使用的数据进行识别和分类。可以通过企业资源／数据类矩阵分析，识别与这些企业资源有关的数据类。行表示主要的数据类型，列表示企业资源，相对每一个数据类型填上相应的数据。

5. 分析当前业务与系统的关系

画出系统过程矩阵，用以表示某系统支持某过程。

6．定义信息结构

当企业过程和数据类确定后，应研究如何组织管理这些数据，即将已识别的数据类，按逻辑关系组成数据库，从而形成信息系统来支持企业过程。

第六节　研发管理

一　研发管理的概念

研发管理就是在研发体系结构设计和各种管理理论基础上，借助信息平台对研发过程中进行的团队建设、流程设计、绩效管理、风险管理、成本管理、项目管理和知识管理等的一系列协调活动。

狭义：对研发或技术部门及其工作进行管理，重点是产品开发及测试过程。

广义：研发工作实际上不仅仅包含技术开发工作，其范围涵盖新产品的全生命周期，包括产品创意的产生、产品概念形成、产品市场研究、产品设计、产品实现、产品开发、产品中试、产品发布等整个过程。从管理的角度来看，其范围涵盖产品战略与规划、市场分析与产品规划、产品及研发组织结构设计、研发项目管理、研发质量管理、研发团队管理、研发绩效管理、研发人力资源管理、平台开发与技术预研等领域。

研发体系的项目重点分为产品开发、产品预研、技术开发、技术预研四大类。

表 5-2　研发体系的四大类项目重点

	产品开发	产品预研	技术开发	技术预研
目的	根据项目任务书中的要求，保证产品在财务和市场上取得成功	验证或引导客户的潜在需求，把握正确的市场方向，抓住市场机会	开发公共技术和平台，使之符合用户产品的业务目标	验证产品技术方案或产品技术，并做技术储备市场
市场	针对公司近期的目标市场和客户，有明确的市场需求	着眼公司未来发展和未来市场，一般在一年内不产生大量销售，市场前景不明确	满足公司当前产品对技术的需求	着眼公司未来发展和未来市场，可能产品没有明确需求
技术难度和风险	较小	大	较小	较大

1. 产品预研

产品预研：在市场前景尚不明确或技术难度较大的情况下，如果该产品与公司战略相符且有可能成为新的市场增长点，那么可以对该产品进行立项研究，着重探索和解决产品实现的可行性，使得能够在条件成熟时转移到产品开发上。

与产品开发相比，产品预研有以下特点：

（1）产品预研的目的是验证或引导客户的潜在需求，把握正确的市场方向，抓住市场机会；

（2）产品预研着眼公司未来发展和未来市场，一般在一年内不产生大量销售；

（3）市场前景尚不明确；

（4）存在较大的技术风险；

（5）主要关注核心功能的实现，一般不作商用要求。

2. 技术预研

技术预研：在产品应用前景尚不明确或技术难度较大的情况下，如果有利于增强公司产品竞争力，那么可以对这些前瞻性技术、关键技术或技术难点进行立项研究，着重探索和解决技术实现的可行性，使得能够在需要时为产品开发提供支撑。

与技术开发相比，技术预研有以下特点：

（1）技术预研的目的是验证产品技术方案或产品技术，并做技术储备；

（2）着眼公司未来发展和未来市场；

（3）产品可能还没有明确的需求；

（4）技术预研实现难度较大；

（5）主要关注核心功能的实现，一般不作商用要求。

3. 研发项目的考核方式

之所以将研发项目分类，也是为了考核的需要。

针对预研项目而言，由于预研项目风险大、结果难以预知，因此，对进度、结果考核的权重要小一些。

对开发项目而言，由于进度、结果可以预知，质量可以控制，因此，针对开发项目，进度、质量、财务往往成为考核的目标。

另外，不同类型的项目对人力资源的要求不同，对预研项目，技术倾向明显，往往是技术水平高的人进行预研工作，而开发人员往往工程化倾向明显，华为公司提出的"工程商人"大部分是针对开发人员而言的。

二　研发管理流程

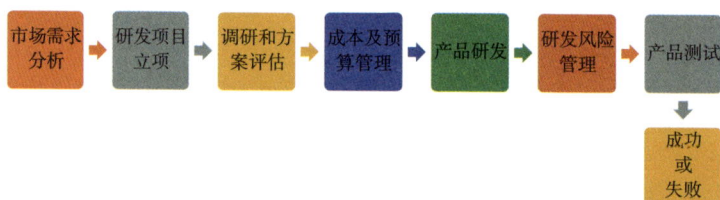

市场需求分析 → 研发项目立项 → 调研和方案评估 → 成本及预算管理 → 产品研发 → 研发风险管理 → 产品测试 → 成功或失败

图 5-7　研发管理流程

研发管理流程制定需要注意的事项

◆ 研发管理与面向市场的关系

在技术创新过程中必须理清面向市场与规范管理的关系。

第一，要面向市场，市场需求是新产品的主要来源；

第二，在新产品开发前要确定当前市场的需求，并预测市场需求超前发展的余量；

第三，在新产品开发过程中，应冻结市场需求，所有的开发与研制过程都必须严格控制在系统规范管理的流程中。

第四，市场新的需求一般在系统升级产品或新立项的产品中考虑。

◆ 研发管理与面向市场考虑的基本要素

第一，市场需求是研发项目的主要来源；

第二，在系统需求设计时要确定当前市场的需求，并预测市场需求的超前发展的余量；

第三，在系统需求完成后，冻结市场需求，所有的后续设计与研制都必须严格控制在系统设计的流程中；

第四，市场新的需求一般在系统升级产品或新立项的产品中考虑。

◆ **研发管理与技术创新的关系**

在技术创新过程中必须理清技术创新与研发管理的关系。

第一，技术创新必须建立在企业的现实基础上。由于研发管理是建立在不断创新的基础上，对于任何一种新产品来讲都具有许多技术创新点。如何确定新产品的技术创新定位是与企业的现实基础直接相关的，也是该新产品研制成功的关键。

第二，研发管理必须严格控制技术创新带来的随意性和不可预见性。由于技术创新的含义就是在产品研制过程中引入企业不熟悉或者未掌握的新技术，如何预期新技术带来的效应，严格控制研制过程各个技术状态，把技术创新纳入规范化的研发管理流程中是新产品研制成功的必要保证。

第三，技术创新必须建立在规范化研发管理的基础上。由于技术创新需求在产品的生命周期内不断变化和增加，在研发过程中必须锁定技术创新的变化，使整个研制过程技术状态控制在系统预期设计的状态流程中。

◆ **研发管理与技术创新的基本要素**

第一，技术创新主要考虑的几个方面：市场需求、技术储备、人力资源、资金需求、设备状态、研制周期；

第二，技术创新状态在系统需求设计时确定；

第三，在项目研制过程中要严格控制技术创新，所有的后续设计与研制必须控制在系统设计的流程内；

第四，新的技术创新一般按阶段在系统升级产品中或新立项产品中统一解决；

第五，确因十分必要，新的技术创新首先在系统设计师会议上研究，确定该项目当前研制的技术状态，确定各状态回溯节点，修改系统需求设计，形成新的项目的所有的研发控制文件，以及新的响应文档。

◆ **系统最优和局部最优的关系**

在系统设计时，综合分析并考虑市场需求、技术储备、资金状态、设备状态以及研制期等重要因素，尽可能在当前情况下进行系统综合考虑，尽可能做到系统最优设计。

在系统设计时，一般不考虑局部最优。主要原因如下：

第一，在系统设计阶段，无法详细考虑局部的实现；

第二，一旦系统设计完成，所有的局部实现必须严格在系统设计的控制下，遵循系统规范和约束条件实现局部设计；

第三，在系统设计时，一般都考虑了系统余量，所以局部最优对整体系统性能影响不大；

第四，追求局部最优很容易带来系统失控和一些副作用，将影响系统最佳的实现。

三　研发管理中的成本控制

随着微利时代的来临，企业要从各个方面节约成本，包括研发成本。研发成本控制并非指压缩研发规模或者减少研发投资，而是指减少研发中不必要的开支，用较少的投入获取较大的研发成果。研发成本管理要和研发成果收益结合起来。产品在其生命周期的不同阶段，所能获取的利益不同，研发要在产品的不同生命周期有不同的投入，比如，在新产品开发的时候，研发投入较大，但是研发收益几乎没有，一旦新产品开发出来，受到市场的欢迎，则要加大研发投入，改进产品性能。到产品的成熟期，市场竞争激烈，产品改进的研发投入要收缩，直至完全取消。

要把握三原则

1. 以目标成本为衡量的原则

目标成本一直是我们关注的中心，目标成本的计算有利于我们在研发设计中关注同一个目标：将符合目标功能、目标品质和目标价格的产品投放到特定的市场。因此，在产品及工艺的设计过程中，当设计方案的取舍会对产品成本产生巨大的影响时，我们就采用目标成本作为衡量标准。

在目标成本计算的问题上，没有任何协商的可能。没有达到目标成本的产品是不会也不应该被投入生产的。目标成本最终反映了顾客的需求，以及资金供给者对投资合理收益的期望。因此，客观上存在的设计开发压力，迫使设计开发人员必须去寻求和使用有助于他们达到目标成本的方法。

2．剔除不能带来市场价值却增加产品成本的功能

我们认为，顾客购买产品，最关心的是"性能价格比"，也就是产品功能与顾客认可价格的比值。

任何给定的产品都会有多种功能，而每一种功能的增加都会使产品的价格产生一个增量，当然也会给成本方面带来一定的增量。虽然企业可以自由地选择所提供的功能，但是市场和顾客会选择价格能反映功能的产品。因此，如果顾客认为设计人员所设计的产品功能毫无价值，或者认为此功能的价值低于价格所体现的价值，则这种设计成本的增加就是没有价值或者说是不经济的，顾客不会为他们认为毫无价值或者与产品价格不匹配的功能支付任何款项。因此，我们在产品的设计过程中，把握的一个非常重要的原则就是：剔除那些不能带来市场价值但又增加产品成本的功能，因为顾客不认可这些功能。

3．从全方位来考虑成本的下降与控制

作为一个新项目的开发，我们认为应该组织相关部门人员进行参与（起码应该考虑将采购、生产、工艺等相关部门纳入项目开发设计小组），这样有利于大家集中精力从全局的角度去考虑成本的控制。正如前面所提到的问题，研发设计人员往往容易进入过于重视表面成本而忽略了隐含成本的误区。

正是有了采购人员、工艺人员、生产人员的参与，可以基本上杜绝为了降低某项成本而引发的其他相关成本的增加这种现象。因为在这种内部环境下，不允许个别部门强调某项功能的固定，而是必须从全局出发来考虑成本的控制问题。

四 研发项目风险管理

1．风险

- 风险（risk）是可能发生的、潜在的
- 问题（issue）是已经或肯定要发生的

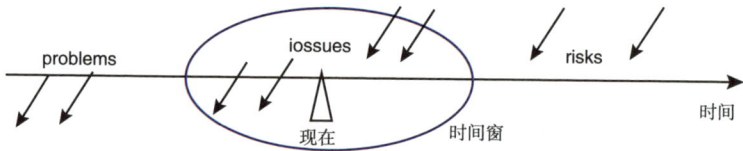

图 5-8　问题、风险时间窗

2. 风险管理模型

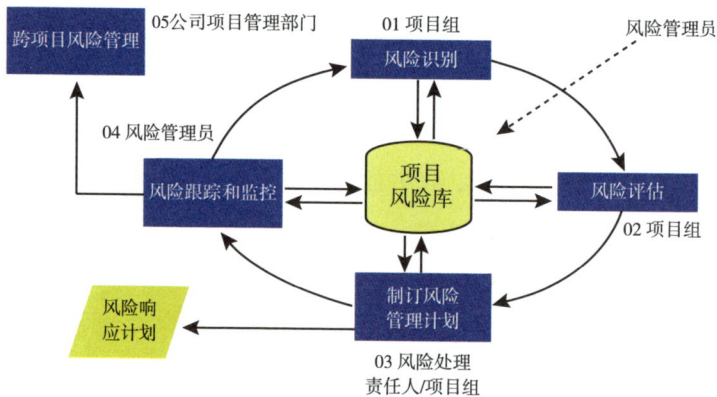

图 5-9　风险管理模型

3. 风险识别

- 访谈、调查
- 头脑风暴（Brainstorming）
- 专题讨论会（Workshop）
- 历史经验数据、风险数据库（RDB）
- 专家建议法（Subject Matter Experts）
- 风险标识提问单

4. 常见的风险类别

- 市场风险／客户风险
- 技术风险

- 财务风险
- 制造风险
- 采购风险
- 用户服务风险
- 项目管理风险

5. 风险评估

风险评估的两个维度：

✓　风险概率　　　　　　每个维度分为 3 个等级：High、Medium 和 Low

✓　风险影响

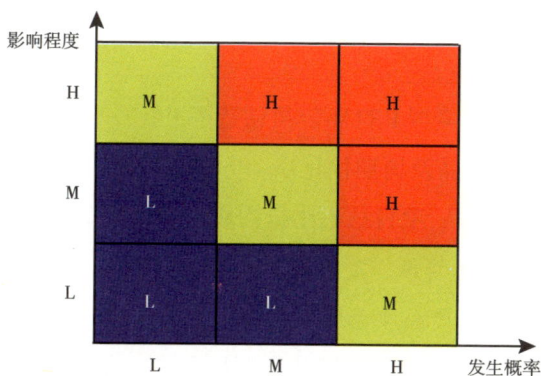

图 5-10　项目管理三十六工具包之 29：可能性 / 影响度矩阵

6. 制订风险管理计划

- 根据优先次序处理风险
- 对将要发生的风险，详细地计划处理风险的步骤
- 为该风险指派一个风险责任人
- 风险可以有 4 种响应策略
- 责任人制定具体措施来处理风险

7. 四种风险响应措施

- 规避 / 缓解
- 储备

- 转移
- 接受 / 忽略

五   常见的研发方法

- PACE/IPD
- CMM/CMMI
- ISO9000
- PMBOK

1. 生命周期管理（PACE/IPD）

（1）基本概念

- 早在 1986 年，美国 PRTM 公司创造了 PACE（Product And Cycle-time Excellence，产品及周期优化法）方法。PACE 关注的要素有：正确决策（决策评审）、项目核心小组构成、开发活动的结构、工具与技术、产品战略、技术管理、资源管理。
- PACE 算得上是产品生命周期和流程管理领域的首个方法论。PACE 诞生之后，很多企业和学术机构不断提出了适合本行业的研发管理概念、方法、工具。

（2）应用案例

- IBM
- 华为
- 上海贝尔阿尔卡特

（3）评论

- PACE 和 IPD 方案适用于指导大型企业的研发管理流程改进，其涉及面很广，实施过程中会遭遇重重困难，可能导致半途而废；投入经费巨大，见效时间比较长，企业可能挺不住；如果成功，则有巨大的长期收益，但是失败的可能性比成功的可能性高得多。如华为和上海贝

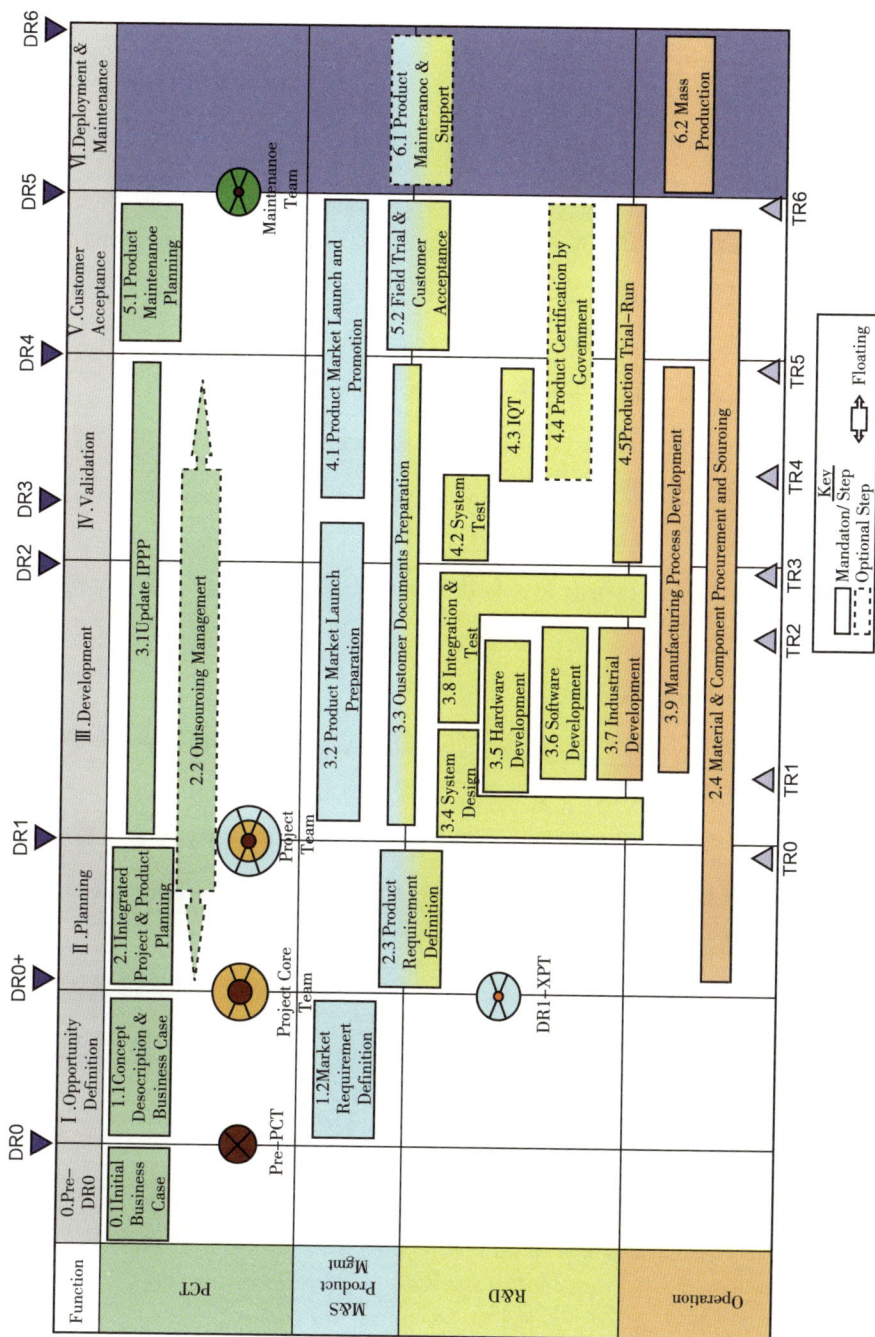

图 5-11　示例——应用 PACE 方法论制定的新产品开发流程

尔阿尔卡特之类的研发管理体系，根本不适合国内中小型 IT 企业，因为尝试不起、承担不起。

2. CMM/CMMI

（1）基本概念

- 产品是在过程中研制出来的。一般的，好的过程才可能得到好的产品，而差的过程只会得到差的产品。提高软件过程能力的实践通称为软件过程改进（Software Process Improvement）。软件过程改进的根本目的是：提高质量、提高生产率并且降低开发成本。

- CMM/CMMI 是世界范围内用于衡量软件过程能力的事实上的标准，同时也是软件过程改进最权威的指南。

- CMM 等级评估：从狂热回归理性。现在软件业界普遍关注的是：企业如何以比较低的代价有效地提高软件过程能力。CMM 等级评估则退居次要地位。

（2）CMM/CMMI 的盲区和常见应用问题

- CMM/CMMI 本身不谈如何赚钱的问题。它假设了美好的前提条件，即企业有充足的人员、资金、时间从事软件过程改进，当软件过程能力提高了，那么产品的质量、生产率自然上去了（同时成本也下降了），企业自然能够获取更多的利润。软件过程改进对企业经济效益的贡献是间接的，从投入到产出，时间相对比较长。

- 企业领导当然想把资源用在"刀刃"上，即赚钱最多最快的地方。当软件过程改进和其他直接赚钱的事情"发生资源冲突"时，人们只好"拆东墙，补西墙"，往往减少软件过程改进的资源。

- 对于软件过程改进而言，CMM/CMMI 和 ISO 等都是用来参考的，而不是用来迷信的。企业在参考业界推荐的标准或规范时，要舍弃那些听起来很先进但是对本企业无益处的东西，只选取对企业有实用价值的东西。

3. ISO9000

（1）基本概念

- 国际标准化组织（ISO）为了满足国际经济交往中质量保证活动的需要，在总结各国质量保证制度经验的基础上，研制了 ISO9000 质量管理和质量保证标准系列。ISO9000 族标准问世至今，已经被全世界几乎所有行业广泛采纳。人们到商店买东西，随处可见"本产品通过 ISO9000 质量认证"的标记。"产品通过 ISO9000 质量认证"几乎成为上市销售的必要条件。

（2）应用于研发管理的问题

- ISO9000 称得上是放之四海皆准的标准，但是适用面越广意味着专业性越弱。一个生产瓜子的小工厂和生成软件硬件系统的企业，都可以采用 ISO9000 族质量标准。显然前者的成功经验不能套用到后者上。ISO9000 标准不可能对"软件、嵌入式系统、集成电路"等领域的质量问题有深入的论述，所以它对 IT 企业的质量管理缺乏专业性的指导，其专业程度远远不及 CMM/CMMI。

- 人们在实践中发现 ISO9000 族标准对生产型企业帮助比较大，但是对以研发为主的 IT 企业的帮助比较小。

4. PMBOK

（1）基本概念

- 项目管理协会（PMI）是目前全球影响最大的项目管理专业机构，该机构的项目管理专家认证（PMP）被广泛认同。PMI 的突出贡献是总结了一套项目管理知识体系（PMBOK）。

- PMBOK 把项目管理知识划分为九个知识领域：综合管理、范围管理、时间管理、成本管理、质量管理、人力资源管理、沟通管理、风险管理和采购管理。每个知识领域包括数量不等的项目管理过程。

（2）PMBOK 和 CMM/CMMI 对比简评

- CMM/CMMI 论述的项目管理方法仅仅适用于软件项目，但是不适用于其他行业的项目管理。PMBOK 论述的方法适用于任何行业的项目管理，但是对软件项目管理而言，PMBOK 的针对性不够强。

- CMM/CMMI 不仅论述软件项目管理，而且论述整个机构的软件研发管理。PMBOK 的方法局限于项目管理，对于企业研发管理则不够用。
- CMM/CMMI 基本上不谈"成本管理"和"人力资源管理"，它先假设机构有充足的资金和人力资源，通常不切合企业实际情况。因此，PMBOK 的"成本管理"和"人力资源管理"可以弥补 CMM/CMMI 的不足。
- 建议：对于软件机构研发管理或者软件项目管理，采用以 CMM/CMMI 为主导的方法论，并结合 PMBOK 的知识，取长补短。

第七节　企业财务管理

一　财务三大报表之资产负债表

资产负债表的定义（Balance Sheet）

资产负债表是反映企业在某一特定日期的财务状况的报表。它揭示了企业在某一时点上的资产、负债和所有者权益的总额及其构成情况，属于静态财务报表，又称存量表。

$$资产 = 负债 + 所有者权益$$

资产负债表的基本目标实际上是报告股东某时点在公司的净投资的账面价值或会计价值。

二　财务三大报表之损益表

1. 损益表的定义（Income Statement）

损益表是反映企业在一定会计期间的投入产出效果的财务报表，它解释了企业在某一特定期间内的收入、费用和利润水平及其构成情况。

如何投资和配置资产提高效率？
总资产收益率（ROA）= $\dfrac{利润}{总资产}$

流动比率= $\dfrac{流动资产}{流动负债}$

负债权益率= $\dfrac{总负债}{股东权益}$

存货资产比= $\dfrac{存货}{总资产}$

表5-3　A公司资产负债表情况（2016年至~2017年12月31日）

单位：万元

资产	2016年	2017年	负债和所有者权益	2016年	2017年
流动资产			流动负债		
现金和存款	200	218	短期银行借款	79	95
有价证券	100	186	短期债券	89	100
应收账款	291	302	应付账款	162	214
预付账款	55	57	预收款	262	283
存货	390	393	到期的长期负债	270	300
非流动资产			非流动负债		
金融资产	425	432	长期银行贷款	389	324
无形资产	469	458	长期债券	250	269
固定资产净值	238	242	所有者权益	667	703
总资产	2168	2288	负债+所有者权益	2168	2288

> 收入 − 费用 = 净利润
>
> 销售收入 − 销售成本 − 经营费用 − 管理费用 − 财务费用 − 利息 − 所得税 = 净利润

2. 读懂损益表

由于损益表的编制依据**"权责发生制"**，因此，利润不等于现金。假定其他因素不变，如果"应收账款"太多，盈利的企业可能没有现金；如果"应付账款"增加，亏损的企业不一定没有现金。

表 5-4　A 公司损益表（2017 年度）

单位：万元

项　　目	本期金额	上期金额（略）
一　营业收入	1250	
减：营业成本	750	
营业税金及附加	2	
销售费用	20	
管理费用	157	
财务费用	41	
资产减值损失	30	
加：公允价值变动净收益（损失以"−"号填列）		
投资收益（损失以"−"号填列）	31	
其中：对联营企业和合营企业的投资收益	0	
二　营业利润（亏损以"−"号填列）	281	
加：营业外收入	50	
减：营业外支出	19	
三　利润总额（亏损总额以"−"号填列）　EBIT	312	
减：所得税费用	85	
四　净利润（净亏损以"−"号填列）	227	

剩余收益=会计利润≠经济利润

三　财务三大报表之现金流量表

1. 现金流量表的定义（Statement of Cash Flows）

现金流量表是反映企业在一定会计期间内现金及现金等价物流入和流出情况的报表，它解释了企业在一段时间内的现金流量变化情况，属于动态财务报表，又称流量表。因此，该报表分别报告公司**"来自经营活动的现金流量"**（如净利润、折旧、摊销、递延所得税、流动资产与流动负债之差等），**"来自投资活动的现金流量"**（如资本性支出、并购支出、出售资产、投资回收等）和**"来自筹资活动的现金流量"**（长短期负债增减、配股、增发新股、利息和股利支出等）。

现金流入－现金流出＝现金流量净额

现金为王！

2. 读懂现金流量表

通过前后年度的资产负债表和损益表，根据"现金流入的来源"和"现金流出的使用"，分别列示三个大项目：

（1）经营活动现金流入－经营活动现金流出＝经营活动产生的现金流量净额

（2）投资活动现金流入－投资活动现金流出＝投资活动产生的现金流量净额

（3）筹资活动现金流入－筹资活动现金流出＝筹资活动产生的现金流量净额

以上三项相加后可以得到：

现金净增加额（减少）＝经营活动产生的现金流量净额＋

投资活动产生的现金流量净额＋

筹资活动产生的现金流量净额

期末现金余额＝期初现金余额＋现金净增加额（减少）

表 5-5　现金与利润的关系——衡量企业利润的质量和竞争优势

公司	EPS	每股经营性净现金	利润的现金保障程度	折旧和摊销的现金保障程度	利息的现金保障程度	OPM 战略形成的现金
A	2.0	1.0	NO	NO	NO	NO
B	1.5	1.5	YES	NO	NO	NO
C	1.0	1.5	YES	YES	YES	NO
D	0.8	1.5	YES	YES	YES	YES

每股收益（EPS）＝ 利润／总股数

注：每股折旧和摊销 0.3 元；每股利息 0.2 元。

可见：理论上，应得经营净现金＞净利润。故定义：

现金创造能力 = 实际经营净现金/应得经营净现金

若等于1；说明企业实际收回的经营净现金**等于**应得经营净现金；
若大于1，说明企业实际收回的经营净现金**大于**应得经营净现金；
若小于1，说明企业实际收回的经营净现金**少于**应得经营净现金

表 5-6　A 公司现金流量表（2017 年度）

项　目	金　额
一　经营活动产生的现金流量：	
销售收入净额	
减：销售成本（不含折旧）	
销售及管理费用	
税金	
WCR 的变动额	
经营活动产生的现金流量净额（NCF）	

续表

项　目	金　额
二　投资活动产生的现金流量：	
加：出售固定资产、无形资产和其他长期资产	
收回到期投资	
取得投资收益	
减：资本性支出和并购（购建固定、无形和其他长期资产）	
投资支出的现金	
投资活动产生的现金流量净额	
三　筹资活动产生的现金流量：	
加：长期借款增加	
短期借款增加	
吸收投资收到的现金	
减：偿还到期债务	
支付筹资费用	
支付利息	
支付股利	
筹资活动产生的现金流量净额	
四　现金净增加额（减少）	
加：期初现金余额	
期末现金余额	

投资现金净流入<0，扩大投资；投资现金净流入>0，收回投资。

筹资现金净流入>0，正向筹资；筹资现金净流入<0，逆向筹资。

四 财务报表之间的勾稽关系

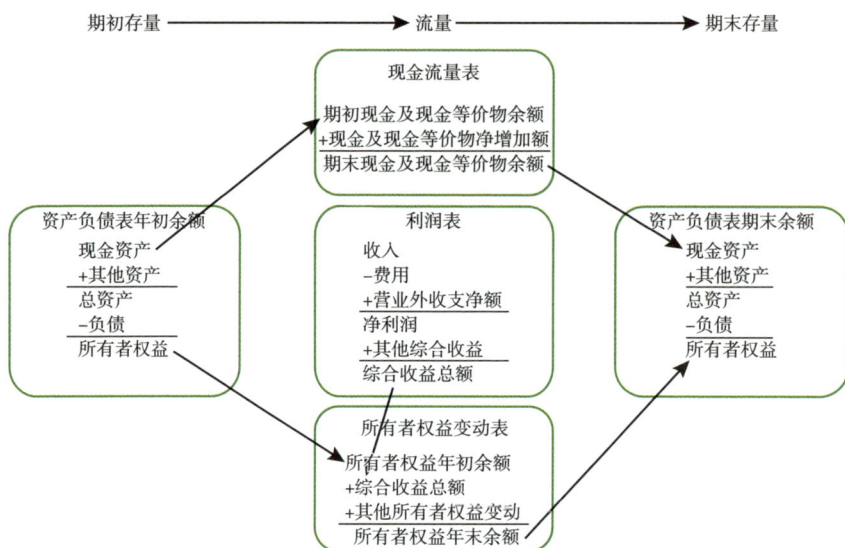

图 5-12 财务报表之间的勾稽关系

思考问题

1. 根据自己的工作职责和工作内容，用 PDCA 循环的思路讲述一项业务的工作过程。

2. 结合研发管理流程设计内容，设计出符合你所在组织的研发流程。

第六章　企业项目管理

第一节 项目管理

一 项目管理的概念

项目：为完成某一个独特的产品和服务所做的一次性努力，具有过程的一次性、目标的独特性、风格的确定性、承诺的临时性等特点。

项目管理：在项目活动中运用专门的知识、技能、工具和方法，使项目能够在有限资源限定条件下，实现或超过设定的需求和期望的过程。即把各种资源应用于项目，以达成既定的目标。

——项目管理就是把各种资源应用于项目以实现项目的目标。

通过周密的计划，管理好项目中的人、事、物，达成项目目标。

图6-1 项目管理

二 项目管理过程

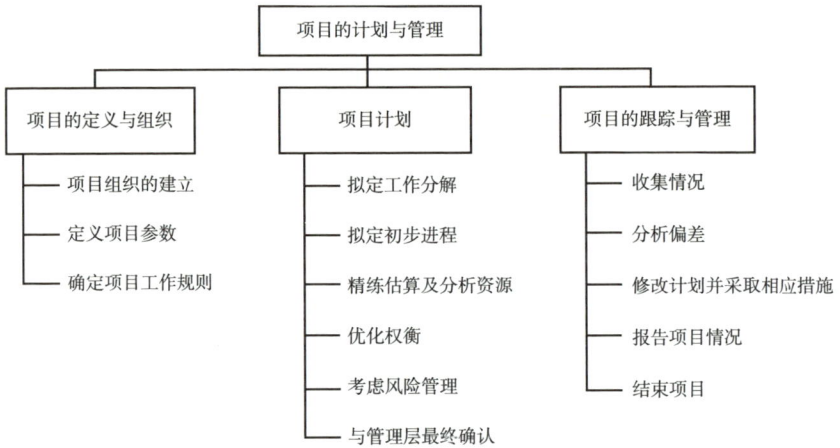

```
                        ┌──────────────────┐
                        │   项目的计划与管理   │
                        └──────────────────┘
         ┌─────────────────────┼─────────────────────┐
┌──────────────┐      ┌──────────────┐      ┌──────────────┐
│  项目的定义与组织  │      │    项目计划    │      │  项目的跟踪与管理  │
└──────────────┘      └──────────────┘      └──────────────┘
   ── 项目组织的建立        ── 拟定工作分解          ── 收集情况
   ── 定义项目参数          ── 拟定初步进程          ── 分析偏差
   ── 确定项目工作规则       ── 精练估算及分析资源      ── 修改计划并采取相应措施
                        ── 优化权衡             ── 报告项目情况
                        ── 考虑风险管理          ── 结束项目
                        ── 与管理层最终确认
```

图 6-2 项目管理过程

三 项目生命周期

• 项目通常被分为不同的阶段

• 这些阶段共同组成项目生命周期

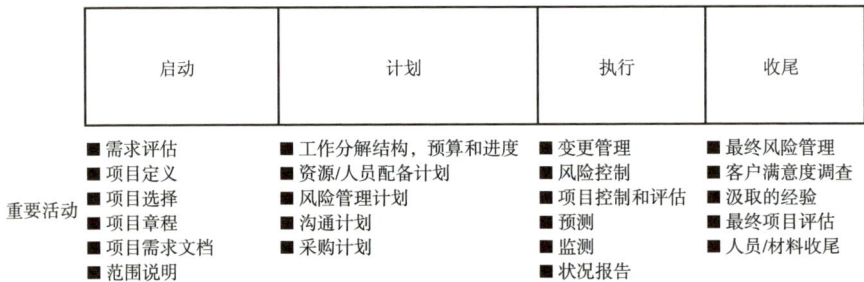

	启动	计划	执行	收尾
重要活动	■ 需求评估 ■ 项目定义 ■ 项目选择 ■ 项目章程 ■ 项目需求文档 ■ 范围说明	■ 工作分解结构,预算和进度 ■ 资源/人员配备计划 ■ 风险管理计划 ■ 沟通计划 ■ 采购计划	■ 变更管理 ■ 风险控制 ■ 项目控制和评估 ■ 预测 ■ 监测 ■ 状况报告	■ 最终风险管理 ■ 客户满意度调查 ■ 汲取的经验 ■ 最终项目评估 ■ 人员/材料收尾

图 6-3 项目生命周期

四　项目发起人角色

- 主要责任
  - —决定项目
  - —委任项目经理
  - —任命团队
  - —辅导与保护团队
  - —批准计划
  - —决定或拒绝变更

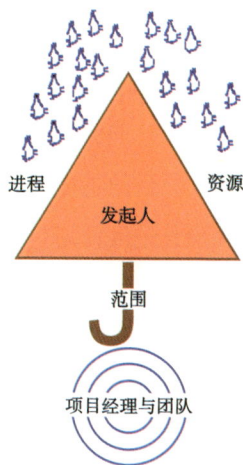

图 6-4　项目发起人角色

五　项目管理九大方面

項目管理的九大知识领域是指作为项目经理必须具备与掌握的九大块重要知识与能力。其中核心的四大知识领域是范围管理、时间管理、成本管理与质量管理。

1. 项目整体管理知识

包括三个主要过程：

- ◆ 项目计划制订：收集各种计划编制的结果，并形成统一协调项目计划文档；
- ◆ 项目计划执行：通过执行项目计划的活动，来实施计划；
- ◆ 整体变更控制：控制项目的变更

2. 项目范围管理知识

- ◆ 项目范围的不确定，会导致项目范围的不断扩大，在项目开始时，就要对项目范围拿出项目干系人都认可的、理解无歧义的范围说明文档——项目章程；
- ◆ 明确项目组成员的工作责任，还必须分解项目范围，使之成为更小的项目任务包——工作分解结构（WBS）

3. 项目的时间管理知识

项目的时间管理，就是确保项目按期完成的过程。首先要制订项目的进度计划，然后是跟踪检查进度计划与实际完成情况之间的差异，及时调整资源、工作任务等，以保证项目的进度实现。在跟踪过程中，要及时与项目干系人进行交流，以及时发现范围的偏差而产生的时间与进度上的差异，或项目组成员有意或无意识地虚报了项目完成情况，导致进度的失控。具体包括：

- 活动定义：从 WBS 分解而来；
- 活动排序：明确活动之间的依赖关系；
- 活动历时估算：估算每项活动的时间，可以使用 PERT 方法；
- 利用 PROJECT 等工具软件，协助项目的时间管理；
- 利用甘特图帮助跟踪项目进度；
- 利用网络图及关键路径分析，协助确定完成日期上的重要性或调整工期对项目工期的影响，以及处理关注的焦点活动

4. 项目的成本管理知识

其过程包括：

- 资源计划：制定资源需求清单；
- 成本估算：对所需资源进行成本估算；
- 成本预算：将整体成本估算配置到各个单项工作，建立成本基准计划；
- 成本控制：控制项目预算的变化，修正成本的估算，更新预算，纠正项目组成员的行动，进行完工估算与成本控制的分析

5. 项目的人力资源管理知识

项目的人力资源管理就是有效发挥每个参与项目的人员的作用的过程。过程包括：

- 组织计划编制：形成项目的组织结构图；
- 获取相关人员：其中重点是业务相关人员；
- 团队建设：明确每个项目干系人的责任，训练与提高其技能，实现团队的合作与沟通

6. 项目的质量管理知识

◆ 对于项目管理需要制订质量计划，并应用质量保证的工具确保质量计划的实施。在质量控制的过程中，有许多现成的工具与方法，如帕累托分析、统计抽样和标准差等；

◆ 要提高项目的质量，必须在领导中形成质量意识，通过形成质量文化来改进质量，是全面提升项目质量管理的关键因素之一

7. 项目的沟通管理知识

◆ 在项目开始时，需要编制沟通计划，包括什么时间、将什么内容、以什么样的格式、通过什么样的方式、向谁传递等；

◆ 在项目的沟通中，可以采用书面报告、口头报告或非正式的交流，各种方式有利也有弊，关键看是否有利于沟通的效果

8. 项目的风险管理知识

◆ 风险识别可以采用头脑风暴法、经验法则等方法，在识别这些风险因子之后，可以对这些因子加上权重，最后计算出项目成功的概率，并据此决策项目是否应该开展、继续或停止；

◆ 识别风险因子之后，紧接着就是制定风险应对措施。根据风险发生的概率、产生的风险成本与收益，决定相应的应对策略，如风险处理、风险接受、风险改善等

9. 项目的采购管理知识

有效采购管理包括以下过程：

◆ 编制合理有效的采购计划：在采购计划中，首先决定是否需要采购、如何采购、采购什么、采购多少、何时采购等内容；

◆ 编制询价计划：编制报价邀请书 RFQ 或招标书；

◆ 询价：进行实际询价；

◆ 开标：评估并选择供应商；

◆ 管理：对采购合同进行管理；

◆ 收尾：对采购合同进行收尾

第二节 项目管理的意义

◆ 按照传统的做法：当企业设定了一个项目后，参与这个项目的至少会有几个部门，包括财务部门、市场部门、行政部门等，而不同部门在运作项目过程中不可避免地会产生摩擦，必须进行协调，而这些无疑会增加项目的成本，影响项目实施的效率

◆ 而项目管理的做法则不同：不同职能部门的成员因为某一个项目而组成团队，项目经理则是项目团队的领导者，他们所肩负的责任就是领导他的团队准时、优质地完成全部工作，在不超出预算的情况下实现项目目标

◆ 项目管理可以帮助企业处理需要跨领域解决的复杂问题，并实现更高的运营效率。能做好项目管理的人，在工作、生活中很多时候都能做到游刃有余

第三节 项目管理发展历程

项目管理是二战后的产物，主要是战后重建和冷战阶段为国防建设项目而创建的一种管理方法。项目管理的发展基本上可以划分为两个阶段：20世纪80年代之前被称为传统的项目管理阶段；80年代之后被称为现代项目管理阶段。

1. 传统的项目管理阶段

从 20 世纪 40 年代中期到 60 年代，项目管理主要是应用于发达国家的国防工程建设和工业 / 民用工程建设方面。但是在传统项目管理阶段，发达国家的国防部门在项目管理的研究与开发方面占据了主导地位，它们创造的许多项目管理方法和工具一直沿用至今。例如，由美国空军最早开发的项目计划评审方法（PERT）、由美国国防部提出并推广的项目工期与造价管理规范（C/SCSC）等一大批项目管理的方法和工具现在仍然在广泛使用。

2. 现代项目管理阶段

20 世纪 80 年代之后项目管理进入现代项目管理阶段，随着全球性竞争的日益加剧，项目活动的范围日益扩大，项目数量急剧增加，项目团队规模不断扩大。特别是进入 90 年代以后，信息系统工程、网络工程、软件工程、大型建设工程以及高科技项目的研究与开发项目管理新领域的出现，项目管理在理论和方法等方面不断地发展和现代化，使现代项目管理在这一时期获得了快速的发展和长足的进步，迅速扩展到社会生产与生活的各个领域和各行各业。

第四节　项目管理内容

图 6-5　项目管理内容

What:项目目标是什么？

目标：工作所指向的事物，可具体表现为要达到的战略地位、要达到的目的、要取得的成果、要生产的产品，或者准备提供的服务

图 6-6 项目目标

项目目标的标准：SMART

具体性 Specific ----● 对细节做出描述

可衡量性 Measurable ----● 可以通过定性或者定量的方式对目标进行衡量

可实现性 Achievable ----● 目标应该是可以实现的

现实可行性 Realistic ----● 在各种限制因素下，目标应该具备可行性

时限性 Time-bound ----● 指定的时间内实现目标

图 6-7 SMART

项目干系人：Who

1. 项目干系人：积极参与项目或其利益，在项目执行中或成功后受积极或者消极影响的组织和个人，项目干系人对项目的目的和结果施加影响。

2. 项目当事人：属于项目干系人，但其对项目影响更为直接，其行为能影响项目的计划与实施。

3. 项目干系人包括项目当事人、政府有关部门、社区公众、项目用户、新闻媒体、市场中潜在的竞争对手和合作伙伴等；甚至项目班子成员的家属也应被视为项目干系人。

4. 项目经理、用户、项目执行组织、项目发起者等。

5. 项目不同干系人对项目有不同的期望和需求，他们关注的目标和重点常常相去甚远。

6. 项目干系人对项目的影响随着项目的推进而减弱。

How: 怎么立项?

▲立项申请　　　　▲Kick-off meeting

"立项申请书"要点:
· 项目背景分析
· 项目目的
· 项目目标
· 初步范围说明
· 项目里程碑
· 项目组织结构

参与人员

管理层代表
项目经理及团队
成员
其他干系人代表

主题

项目目标
PM正式授权
立项文档宣讲
团队建设
会议不讨论细节

图6-8　立项流程

任务排序

- 不同任务会有其各自的先后关系,在规划时一定要学会辨别潜在的逻辑顺序:

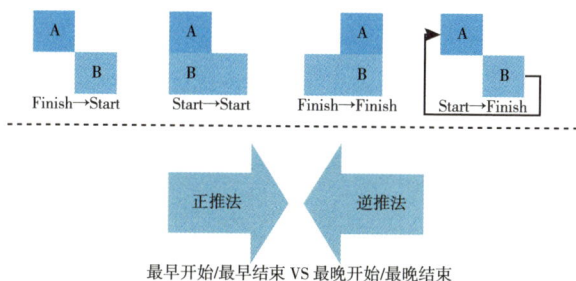

A　B
Finish→Start

A　B
Start→Start

A　B
Finish→Finish

A　B
Start→Finish

正推法　逆推法

最早开始/最早结束 VS 最晚开始/最晚结束

图6-9　任务排序

第五节　项目管理工具

通用的有:

◆ 项目管理三角形

◆ 甘特图、PERT 图

◆ 思维导图、时间线

◆ WBS 图、状态表和鱼骨图

这些都是十分有用的工具,可使项目范围可视化。

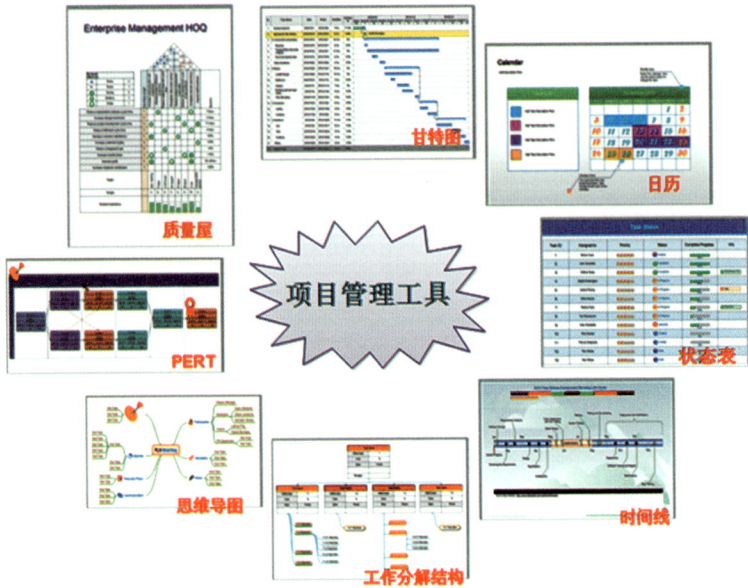

图 6-10　项目管理工具

一　管理三角形

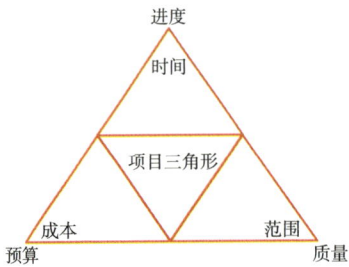

图 6-11　管理三角形

　　项目管理三角形，是指项目管理中范围、时间、成本三个因素之间的互相影响的关系。

　　项目三角形强调这三方面的相互影响的紧密关系。

　　（1）为缩短项目时间，就需要增加项目成本（资源）或缩小项目范围；

　　（2）为了节约项目成本（资源），可以缩小项目范围或延长项目时间；如果需求变化导致扩大项目范围，就需要增加项目成本（资源）或延长项目时间。

二　甘特图

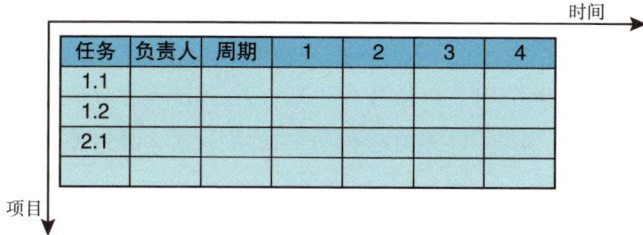

图 6-12　甘特图

甘特图又称为横道图、条状图（Bar chart）。以提出者亨利·L.甘特先生的名字命名。

甘特图以图示方式通过活动列表和时间刻度形象地表示出任何特定项目的活动顺序与持续时间。基本上是一条线条图，横轴表示时间，纵轴表示活动（项目），线条表示在整个期间上计划和实际的活动完成情况。它直观地表明任务计划在什么时候进行，及实际进展与计划要求的对比。管理者由此可便利地弄清一项任务（项目）还剩下哪些工作要做，并可评估工作进度。

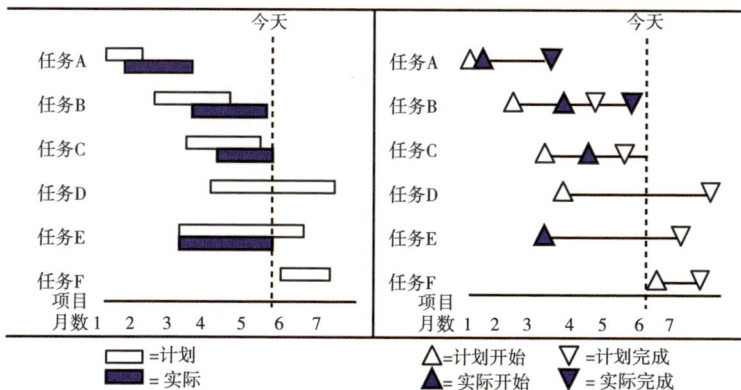

图 6-13　甘特图示例

三　WBS图

WBS：工作分解结构，是一种常用的项目管理工具，通过把项目分解成能有效安排的组成部分，有助于把工作可视化。

WBS：一种树形结构，总任务在上层，往下分解为分项目，然后进一步分解为独立的任务。WBS与流程图相似，各组成部分逻辑连接。任务的组成部分用文字或形状解释。

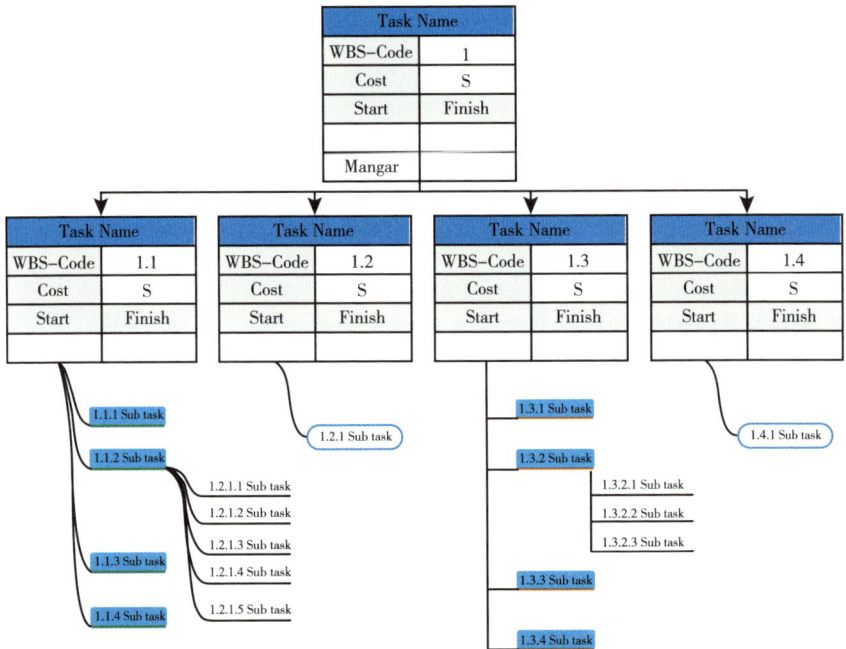

图6-14　WBS 图

四　思维导图

思维导图：对于项目管理也十分有用。和其他项目管理工具不同，思维导图没那么正式，也就更灵活。你可以用它把项目分解成小任务，管理待办事项清单或者分析问题。

通过思维导图，你可以通过插入图片、链接文件、隐藏分支来聚焦某个部分，这些是其他项目管理工具做不到的。

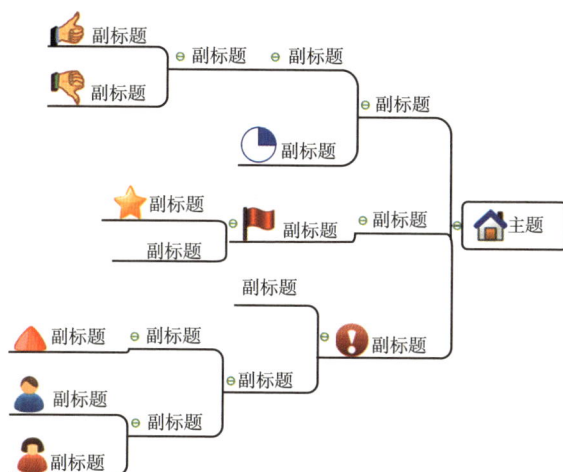

图 6-15　思维导图

五　关键路径法（CPM）

关键路径法：时间管理中很实用的一种方法，其工作原理是：为每个最小任务单位计算工期、定义最早开始和结束日期、最迟开始和结束日期、按照活动的关系形成顺序的网络逻辑图，找出必需的最长的路径，即关键路径。

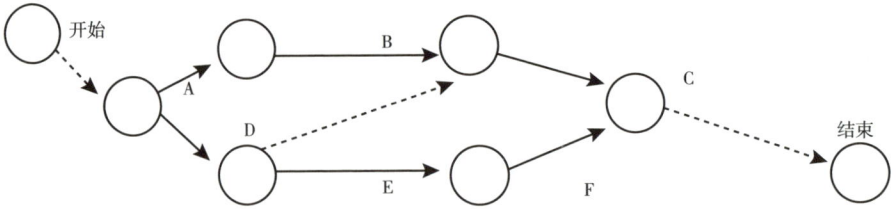

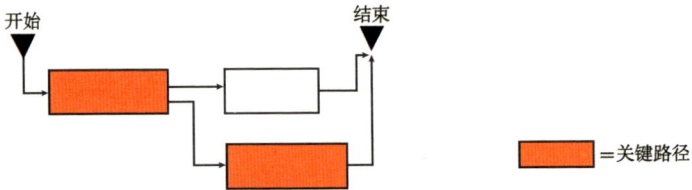

图 6-16　关键路径法

- 关键路径是最长路径
- 关键路径上任何任务变化都会影响项目进程
- 缩短工期的唯一途径是缩短关键路径

思考问题

1. 结合自己团队组织结构，分析每个人是如何分工的，项目是如何分解的，如何落实到每个人。（可参考工作分解结构）

2. 如何控制时间进度的，采用的什么方法，是否有使用类似 project 的项目管理工具，如何使用。（可参考甘特图）

3. 参考类比估算法，思考 TechMark 时是如何对本组成本进行估算的，采用的什么方法，又是如何控制成本的。（可参考类比估算法）

参考文献

［1］ 德勤中国金融服务业卓越中心编著《战略管理新思维》，东北财经大学出版社，2011。

［2］〔美〕迈克尔·A.希特等著《战略管理：概念与案例》（第10版），刘刚等译，中国人民大学出版社，2012。

［3］ 宝贡敏：《战略管理：新视野、新思维、新进展》，中国经济出版社，2013。

［4］〔奥〕弗雷德蒙德·马利克著《战略：应对复杂新世界的导航仪》，姜文波译，机械工业出版社，2017。

［5］ 陈志军等著《企业战略管理》，中国人民大学出版社，2016。

［6］ 蓝海林：《企业战略管理》（第三版），科学出版社，2018。

［7］〔美〕小阿瑟·A.汤普森等著《战略管理：概念与案例》，蓝海林等译，机械工业出版社，2015。

［8］ 余长春等著《战略管理理论与方法研究》，经济科学出版社，2016。

［9］ 全国管理咨询师考试教材编写委员会：《企业管理咨询实务与案例分析》，企业管理出版社，2014。

［10］〔美〕哈罗德·科兹纳著《项目管理：计划、进度和控制的系统方法》（第11版），杨爱华等译，电子工业出版社，2014。

［11］ 汪小金：《项目管理方法论》，中国电力出版社，2015。

［12］〔美〕哈罗德·科兹纳著《项目管理2.0：利用工具、分布式协作和度量指标助力项目成功》，傅永康等译，电子工业出版社，2016。

［13］ 房西苑、周蓉翌：《项目管理融会贯通》，机械工业出版社，2010。

［14］〔美〕F.罗伯特·雅各布斯、〔美〕理查德·B.蔡斯著《运营管理》，任建标译，机械工业出版社，2015。

［15］〔美〕威廉·J.史蒂文森：《运营管理》，张群等著，机械工业出版社，2016。

［16］〔美〕德鲁克著《卓有成效的组织管理》，齐思贤译，机械工业出版社，2014。

［17］〔美〕菲利普·科特勒等著《市场营销原理》，李季等译，机械工业出版社，2013。

［18］ 祝海波等著《市场营销战略与管理》，中国经济出版社，2011。

［19］　黄涌波等著《市场营销基础：理论案例实训》，上海财经大学出版社，2014。

［20］　张俊等著《市场营销——原理、方法与案例》，人民邮电出版社，2016。

［21］　马鸿飞著《市场营销原理及应用》，机械工业出版社，2016。

［22］　郭国庆、王霞、刘成斌著《营销决策模型》，首都经济贸易出版社，2011。

［23］　〔英〕马尔科姆·麦克唐纳、〔英〕彼得·莫里斯著《图解营销策划》，高杰译，电子工业出版社，2014。

［24］　〔美〕查理德·L.达夫特著《组织理论与设计》，王凤彬、张秀萍等译，清华大学出版社，2003。

［25］　李海、郭必恒、李博:《中国企业文化建设：传承与创新》，企业管理出版社，2005。

［26］　李海、张德:《组织文化与组织有效性研究综述》，《外国经济与管理》2005 年第3 期。

［27］　〔奥〕弗雷德蒙德·马利克著《公司策略与公司治理：如何进行自我管理》，朱健敏、解军译，机械工业出版社，2010。

［28］　百度百科。

［29］　Dension，D.R.，Corporate E Culture and Organizational Effectiveness. Dension，D.R.

［30］　Assessment Center in Human Resource Management，George C Thornton.

后　记

理论联系实际　优化发展之路
——马利克管理思想的学习和实践

王家彬

我们不怕有问题，怕的是蒙蔽而不知，最怕知之见之而不管。一个组织、一个团队，总是要在不断纠正自身错误的基础上，持续健康地向前发展。居安思危，才有健康可持续的未来。这是牡丹集团十分重视马利克管理思想学习和实践的重要原因。

一　理论支撑：马利克管理思想及相关工具

弗雷德蒙德·马利克是富有实践经验的欧洲管理学专家、欧洲最有影响的商业思想家之一，在德语国家被誉为"管理和教育大师"。其学术理论在世界范围内都有极大影响。同时，他还积极从事管理方面的实践，并取得卓越成绩。作为圣加伦学派的创始人，马利克是一位明确而坚定的简约主义者。他认为"管理"的核心要义是"将资源转化为价值的过程"。他同样认为，管理者应同时承担管理任务和专业任务，管理者更应注重"管理者自身、上级、下属、同事和外部环境"的协同管理。

为了实现管理的极简主义，马利克认为，"复杂性让一切事情变得困难"，"但是只有复杂性能够让一切变得可能"，他相信"更高级的能力只能从更大的复杂性中产生出"[①]，因此，提倡以复杂性应对复杂性，"只有多样性能够吸

[①] "更高级的能力只能从更大的复杂性中产生出来"出自德国遗传学者 Carsten Bresch，英文表述为"Higher abilities can only arise from more complexity"。

收多样性"①，从而实现管理由复杂走向简单。

同时，马利克为了从复杂到简单，运用系统论、控制论和信息论的分析方法，把任何一种管理行为都视为一个复杂系统，构建了一整套系统互联的模型，来为多种组织的可靠运行提供思想和分析工具。

马利克管理思想的核心是管理者管理，同时包括战略管理、组织管理、文化管理，也包括治理、策略和环境。其核心工具是四个模型：一是马利克思维系统的"通用管理模型"；二是马利克敏感度分析模型；三是马利克"有效性管理之轮"模型；四是马利克综合管理系统模型。这四个模型可任意应用于每一个整体或每个局部，就是应用于任一系统，使系统的"整体大于局部之和"的功能得以实现，从而实现"系统"的目的就是"所做的内容"的目的，强化系统对于既定功能诉求的保障。

因此，这使得马利克管理理论具有了独一无二的为每种管理挑战提供解决方案的特性，也就是马利克管理思想的基本特点：①普遍有效，可应用于所有不同的管理对象和层级；②体现正确而良好的管理，即专业管理；③管理是可以学习、可以讲授的；④通过区分专业任务和管理任务而使管理成为一项独立的工作任务；⑤可以规范基本的管理任务和范围，而不是"眉毛胡子一把抓"；⑥使用的方法和工具都能程序化、可视化，便于掌握；⑦遵循极小极大原则，从最小的元素或变量入手，就能生成最多的应用，产生最大的效果；⑧拥有用于无限制的配置和应用的模块结构，所有模块都是知识、模型、图表、文本、实例、方法、工具、模板、程序及更多内容的开放配置，适合于各个应用层级。

总的来说，马利克管理系统包含一整套系统性互联的模型，从而确保任何组织以及每个人能够有效而可靠地运行。马利克的创新管理系统符合企业发展潮流，应当引起重视和研究；其管理思想和工具，需要深入学习才能理解、掌握和运用，实际运用时也要同中国特别是中国国有企业的特殊性和具体实践相结合。

---

① 必要多样性定律，出自英国神经生理学家及控制论学家威廉姆·罗斯·艾什比。

二 联系实际：马利克思想的牡丹运用

如何用马利克管理思想分析牡丹当前的工作，有哪些值得借鉴学习的有效管理方法，如何运用理论解决实际工作问题，是审视牡丹现状的主要线索。

1. 用双 S 曲线模型探讨新旧业务的关系

"双 S 曲线"是马利克理论的一个核心模型，包含两种不同类型的产品或产品路线，中间的交叉区域，是关键决策区，代表资源转移的方向。

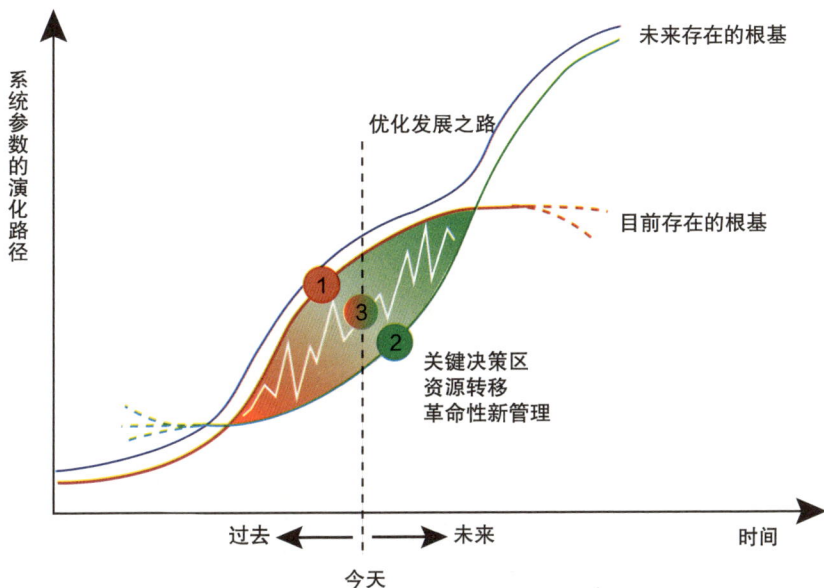

图 1　马利克双 S 曲线模型

比如，你现有业务总有到市场饱和的时候，新业务要起步，但是不是说新的业务在老业务结束或达到顶点的时候，马上就能开展呢？肯定不是。所以，我们永远要准备新业务，这叫创新需求。在这个过程中，老业务要给创新型业务提供必要的资源条件，这个资源条件向哪里转移，如何转移，就成为一个关键问题。这个结论本身贯穿了马利克管理思想的全部。

又比如，我们谈论转型升级。在制定发展战略的时候，一定要考虑这样的因素，即我们的现有业务战略到底是什么？现在、未来会达到什么程度？为此，一定要在已经清楚当前状态、当前战略和未来战略设想的情况下，制定一条新的创新型的发展路线。

2. 用"有效性管理之轮"模型探讨提升管理者水平和责任意识

管理的思维应该避免盲目与滞后，必须对系统本身实施有效的管理。马利克指出，"有效是指做正确的事，高效是指正确地做事。"这一模型的背景是两个主要问题，第一，成功的管理者做什么？第二，他们如何做？马利克还指出，管理是一门职业，而且是一门可以学习的职业，包含四个要素：任务、管理任务的工具、有效性原则、管理者的责任（包括管理道德）。这提出了一个所有人都关心的问题：学习什么、如何学习，才能进行有效管理？

很明显，蕴含在"有效性管理之轮"中的马利克的"黄金5、6、7"管理法则，是解决这些问题的有效方法。

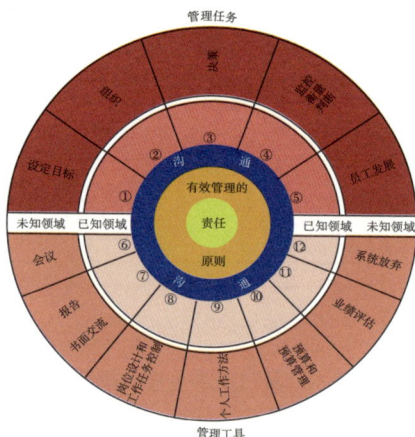

图2　马利克"有效性管理之轮"

根据这个理论，管理者有五大任务：一是目标设定；二是组织资源；三是决策；四是衡量、监督；五是员工发展。所有这些任务，都需要承担责任。这是管理者的任务。"最差的管理者，是那些不愿意做决策的管理者。"彼得·德鲁克认为决策可以塑造一个管理者，也可以毁掉一个管理者。作为有效的管理者，要永远都像园丁一样，完成这五个基本的管理任务。

马利克认为，有效性管理有六个原则：结果导向，贡献整体，聚焦关键，利用优势，信任，积极地建设性地思考。围绕这六个原则，评估工作成绩时，要着重员工的最终工作结果；评估贡献大小时，要以整体贡献度为主体考量依据；日常管理、战略制定、具体工作都要聚焦关键，寻找关键变量；利用优势、信任、积极地建设性地思考等，都要体现在日常工作作风和工作方式的转变上。

马利克还指出了有效性管理的七个工具：会议，报告书面交流，岗位设计和工作任务控制，个人工作方法，预算和预算管理，业绩评估，系统舍弃。

应该指出，有效性管理模型适用于所有社会组织，它强调的是"用最小的代价、最经济的方法、最小的问题，来取得最大的效率或最大效果"，有助于提升管理者的水平和责任意识。

3. 用敏感度分析模型，寻找能解决实际问题的杠杆变量

马利克敏感度分析是发现复杂系统内部互连性和依赖性，并将其可视化的最有效工具。结合计算机系统工具，很容易洞察整合复杂环境、市场、创新、组织文化和其他更多因素。这一分析方法以最低的资源付出，揭示了使系统向正确方向发展的最有力的控制杠杆。分析涉及三个方面：哪些因素对系统产生影响，这些因素如何动态互联，哪些因素是将系统引向正确方向的最佳杠杆。

我们在考虑管理中的各种变量因素的时候，要把变量全部找到，然后从中选出最易应用的变量，选择损失最小、震动最小而效果最大的变量。这样的话，效率会非常高。简言之，即协同整合，以最小代价去解决系统的问题。

该模型涉及四个关键变量：杠杆变量、关键变量、缓冲变量、结果变量。关键变量很重要，但是不能轻易调整；杠杆变量影响面广，调整起来又不太费事，堪称"给你一个支点就可以撬起地球"的作用；结果变量是别人变，它就变，对别人的作用很小；缓冲变量是指可以改变其他两个变量之间关系的变量。

可以这样讲，马利克的管理是"管理中的管理"，是管理兵法。它能通过掌握一种方法，让企业的管理者们自己或通过其团队的努力就能找到问题所

在，能够给出专业而有效率的实实在在解决问题的结论。

马利克教授的管理学思想对指导牡丹当前的发展，很有意义。一是他的双S曲线，有助于我们分析既有业务和新业务之间的关系；二是他的有效性管理模型，有助于我们提升管理者的水平和责任意识；三是他的敏感性分析模型，有助于我们找到解决实际问题的核心要素。

除了上述三种，还有马利克通用管理模型、可生存系统模型等。这些理论分析工具是必要的，但绝不应仅仅是"为工具而工具"，我们的目的是要解决目前公司发展过程中的重大问题。必须强调，学习掌握吸收使用马利克管理思想，将有助于我们清晰梳理战略，进行战略修订和重塑。

三 战略发展：新形势下的"高精尖"路径选择

战略的升级确立，既需要理论指导，也需要顺应大势。除了马利克管理理论的学习指导与应用，更要结合好北京市高精尖产业发展规划来进行。

2018年是贯彻党的十九大精神的开局之年，是我们国家改革开放40周年，也是实施"十三五"规划承上启下的关键一年。可以说，转型升级最重要的时间窗口就在2018年。而2018年的北京，各种重磅政策也频频推出：高精尖产业的发展策略，城市功能的新定位，混合所有制的改革，高精尖产业发展的人才政策，等等。

2014年，习近平总书记在视察首都工作时指出，北京要放弃发展"大而全"的经济体系，腾笼换鸟，构建"高精尖"的经济结构，使经济发展更好地服务于城市战略定位。近年来，国家、北京市也先后出台了《北京加强全国科技创新中心建设总体方案》《〈中国制造2025〉北京行动纲要》《关于进一步优化提升生产性服务业加快构建高精尖经济结构的意见》《加快科技创新发展新一代信息技术等10个高精尖产业的指导意见》《关于加快科技创新构建高精尖经济结构用地政策的意见（试行）》等一系列政策措施，着力推动北京市高精尖产业发展。

如今，北京市正在围绕"四个中心"城市战略定位，全力推进以科技创新为引领的首都经济转型发展，加快建设国际一流的和谐宜居之都。通过建设

"四个中心"带动服务产业、文化产业、创新产业等高精尖产业的发展。特别是以建设具有全球影响力的科技创新中心为引领，面向世界科技前沿，面向国家重大需求，面向国民经济主战场，加快建设中关村科学城、怀柔科学城、未来科学城、创新型产业集群和"中国制造2025"创新引领示范区，打造经济发展新高地。"三城一区"是北京建设全国科技创新中心的主战场，中关村科学城将集聚全球高端创新要素，形成一批具有全球影响力的创新型领军企业、技术创新中心、原创成果和国际标准。北京电控也进一步明确了"十三五"期间，成为"电子信息产业领域具有国际竞争力、国内领先的战略控股型产业集团"的发展目标，明确了"产品＋服务""产业＋资本"的发展策略，明确了"转型发展、创新发展、融合发展、开放发展"的发展方式，吹响了高质量发展、向世界500强进军的号角。

在此背景下，牡丹必须立足实际、与时俱进地对战略进行对应的修订、完善和补充，进一步明确发展思路、发展策略和重点项目。需要注意的是，战略制定，更应内部关注指标，外部关注变化。

1. 战略问题是个什么问题？

彼得·德鲁克说，战略关心的不是未来的决策，而是今天的决策（或者不做决策）对未来的影响。马利克认为，战略管理的任务是既要明确过去传统业务发展的战略，又要明确未来业务发展的战略，还要找到一条从传统走向新型战略的资源转移通道，这条通道就是第三条战略通道：转型战略。因此，转型战略的制订是一个组织必须重视的永恒的战略管理主题。

未来做什么决策不可预期，谁也不知道，我们能把握的是当下。简言之，于今时今日规划未来。我们要以此为基本点，讨论集团战略，认清形势、统一思想，考量整个公司及各业务板块在具体的发展过程中，是一种什么状况，以及在战略确定的过程中，是不是所有因素都考虑到了。

2. 为何有些风光无限的企业会一夜之间崩塌？

以柯达为例，是因为它们的战略设计出了问题。柯达是出胶卷的，然后出现了数码技术，然后因为胶卷的市场占有率很高，为了持续盈利就隐藏了自己的数码技术，结果数码技术被其他公司推向市场，柯达随之一夜之间垮台。当然还有另外一个观点：之所以出现这样一种状况，主要是因为胶卷是化学用品，因此柯达集中了全球顶级的化学家，而这个数码技术是电子产品、电子技术，柯达懂得电子技术的专家储备很少。所以，如果真的转型，第一，战略上面临巨大阻力，第二，要裁掉一大批化学人才，第三，自己本身缺乏电子人才，所以行动迟滞了，从而出现了柯达的困境。后一种对自身资源的判断，从而导致当时战略选择的这个原因，可能是更主要的。

我们也应该经常想一想，我们平时推行工作时，是不是也有这样的巨大阻力？

所以，战略管理很重要，但思考的人很少。据统计，45% 的高管团队每个月花在战略思考上的时间少于 1 个小时。另外 40% 基本不考虑战略，95% 的员工要不清楚公司的战略是什么，要么听过但不理解。因此马利克分析了战略失败的几个原因，比如说，高市场份额的致命死敌是替代，只要高市场份额出现，替代品必然出现。出现替代后，无形中你的市场份额就在缩小。

因此，我们的问题永远是这样，旧世界是个什么样，新世界是个什么样，就跟双 S 曲线讨论的一样，我们现在的情况、未来的情况分别是怎样的。我们的任务就是找出一条中间通道，这是我们制定战略的基点。

我们也应该经常问一问：一个企业能生存多长时间，除了经营的责任，在产业发展趋势上能不能找到原因。

战略总是展望未来，运营总是立足于当前。我们无法预测未来，但是制定战略一定要对未来有一个明确的假设，这里面是有规律可循的。我们要遵循特定的规律，比如，社会规律、经济规律、科学规律、自然规律。任何发展都是要适合企业经济发展现状的，战略问题的制定要从后往前来，先把未来定好，再看中间是什么情况，从反向推导而来。也要考虑一些控制的手段是不是合适，哪些是重要的关键的影响因素。

3. 战略及时调整的必要性

欧洲有一句话叫，如果上帝想惩罚你，就让你成功 7 年。欧洲的大中型企业的基本经验是，成功能坚持 7 年就已经很不容易。所以，要么你被迫转型，要么你主动转型，要么你就破产保护，兼并重组。产品是有生命周期的，企业也是有生命周期的，我们也有一句话：百年老店是不可能的，除非旧瓶装了新酒。张瑞敏也曾说过：没有永远成功的企业，只有永远属于时代的企业。百年牡丹可不可以？有一条可以肯定，百年北京牡丹园是一定没问题的。因为这个"牡丹园"已经是北京的一个地名。因此，我们这种规模的科技型企业，如果你不加快转型持续创新的话，支撑两三年都成问题。所以你至少要有两手准备，要有危机意识。一个基本规律是，你任何工作都要结合企业经济发展现阶段的状况。理论和规律不能直接套用，必须结合实际情况。

4. 战略制定的支点与立足点

制定战略必然有它的支点，要选择用什么方法去实现。

研究当前牡丹发展最重要的立足点，是北京市高精尖产业发展和中关村科学城建设。牡丹目前所从事的业务涉及新一代信息技术、人工智能、科技服务业、软件和信息服务业、智能制造等高精尖产业，IMS 智能制造服务平台是综合这些高精尖产业的集中载体。按照北京市目前的高精尖产业判断，人工智能是具有先发优势有望实现全球领跑的行业，软件和信息服务业是产业基础。因此，未来牡丹的发展，要强化软件定义，以 IMS 为核心，在各项业务中都努力融入人工智能的技术因素，继续实现以技术进步引领产业发展，总的来说，就是力推"互联网 +""物联网 +"、"人工智能 +"的技术发展策略。更要以软件为核心，实现用软件定义一切，即软件定义服务的生产过程，软件定义商业模式，软件定义生产方式。软件定义一切，将是未来牡丹发展的核心思想和基本理念，"AI+ 大数据"，必然成为牡丹创新发展的蓝色基因。

提升我们的业务水平，我们的发展水平，必须用的手段是什么？是软件，要开发软件、推广软件、应用软件。我们牡丹集团的企业定位，一定会是一个软件企业，我们一定是、必须是、无论如何都得是。

5. 以技术进步推动商业模式的创新

牡丹的基本战略是以技术进步推动商业模式的创新。商业模式的创新永远来自客户，我们卖出的不是产品和服务，是价值的解决方案。产品和服务创新、过程创新，与商业模式加在一起，就是创新能力。创新能力强不强是个很大的问题，市场定位是否准确，生产组织能不能是低成本的、快速的、有效率的，对人才的吸引政策是不是足够的，也需要重点考虑。

要特别重视新的依托都市生活的科技创新模式——硅巷模式。硅巷位于纽约曼哈顿，是一个无边界的高科技园区，拥有众多高科技企业群，已成为纽约经济增长的主要引擎，被誉为继硅谷之后美国发展最快的信息技术中心地带。纽约市正以"硅巷"的地位，崛起为美国东岸的科技重镇。不同于硅谷"依托大学"的创新模式，硅巷"依托都市"，使得科技回归都市成为一种时代新浪潮。世界大都市普遍经历了从外向扩张到内城更新的发展转变，从全球来看，纽约、旧金山、西雅图、波士顿、伦敦、柏林等城市都涌现出了科技创新区，并展现了鲜明的个性特征和很高的规划水平。

结合北京市的发展规划，硅巷模式具有重要的参考价值。牡丹园的地理位置和目前的产业业态，事实上已经成为带有中国特色的"硅巷"。因此，硅巷模式应该成为牡丹今后在北京或其他大城市中心区建设科技创新基地和智慧城市的基本模式。在此基础上，我们完全可以在首都的城市功能新定位中，向首都功能核心区、城市中心区、"三城一区"、城市副中心、雄安新区、京津冀一体化区域，以及"一带一路"的区域中心城市扩展。

6. 战略管理策略：平衡的艺术

马利克指出，战略是预测将来的客户偏好并据此来引导我们的业务，运营是目前的销售和订单的履行。客户从来不是仅仅购买一件产品，而是购买产品为他们带来的东西——他们购买的是一个问题的解决方案，购买的是客户价值。因此，战略制定必须"以客户为中心"，战略的任务是"管理好客户价值"。战略和运营管理是一门平衡的艺术，也要在战略和运营之间寻找平衡。考虑现实问题的过程中，要留出一部分资源和精力来考虑未来，同时应避免做很多虽然是面向未来却没有用处的事情。他还强调，战略规划周期要和产品生命周期一致。

马利克的观点认为，健康企业需要关注六大关键绩效指数，分别是市场地位、创新绩效、盈利能力、对人才的吸引力、效率、流动性。六大关键绩效指数决定了"我们需要回答的战略性问题是什么""我们需要分析的是哪些方面和指标""我们管控和监督什么"。这些观点，应该引起重视和研究。

四 组织与文化：战略管理的关键支撑

按照我们牡丹通常的看法，企业有三件事，就是战略、文化和执行。执行就是组织的过程，组织是一种结构，结构决定了功能，功能就是我们的产出，我们的产出就是我们的产品和服务。如果不能产出产品和服务，那组织是没有价值的。

马利克认为企业有三件事：战略、文化和组织。基本理论观点是战略决定组织，战略也决定文化。反过来，组织和文化也应支撑战略、服务于战略。

马利克指出，"战略必须整合进组织，整合必须在组织的结构和流程上发生"。一个特别重要的观点是，不要以组织结构图为出发点看一个单位。因为组织结构图仅仅描述了组织的一小部分，其功能不能被实际地体现。他建议，"从组织的目的和基本问题开始"。这个基本问题是：我们要如何自行组织，才能使关注点集中在"客户关注且绝不会偏离"、雇员能够尽其所能、高层管理者履行其真正应该履行的职责上？！

必须承认，首先，没有任何一个组织是完善的，这符合哥德尔不完备定理。组织必须服从、服务于企业战略。如果没有考虑战略的适应性，没有完全理解战略，组织不能支撑战略就会有巨大问题。因此，我们现在组织本身也要进行认真的研究和讨论，看能不能支撑我们的战略。此外，除了考虑组织架构、流程，还要考虑如何对组织进行管理。

关于这一点，马利克可生存系统的组织结构和特点很能说明问题。马利克把可生存系统分为 5 个功能层级：第一级（S1）任务是实现目标，主要功能是运转，包括项目或战略业务单元建设等；第二级（S2）任务是自我协调，主要功能是刺激自我协调与合作，包括建立规章、控制运行等；第三级（S3）任务是内部和现在状态的管理，主要功能是优化，包括预算计划和年度目标的实现和运行等制度安排；也有第三级的控制系统（S3*），任务是实时反馈，主要功能是提供实时信息，包括及时的市场信息等；第四级（S4）任务是外部和以后的策略控制，主要功能是与环境的协调，包括技术创新和战略规划等；第五级（S5）任务是目标与识别，主要功能是目标的确定，包括愿景和使命等。

对照来说，牡丹的转型战略属于典型的战略导向型发展模式，环境的影响力持续增强，因此，当前的职能式组织和矩阵式组织共存的组织结构体系，应着重于建立强化两极、弱化中间层级的组织功能调整策略。

在了解掌握各组织模块功能地位的基础上，我们要坚持在当前转型条件下，重点弱化中间管理层级、去"中梗阻"、重点强化战略引领和加强业务单元建设的组织变革理念，并需要对照牡丹集团的组织结构进行一一对应分析改进。为了流程优化，任何人都不能成为流程的阻碍，任何人都不能说"我不同意就不行"，必须保证信息上得来，指令下得去。

所以，牡丹集团新的组织机构调整方案就应该立足于：重点强化集团管控和各业务板块的整体作战能力，进而重构构成基本业务载体的创业孵化中心、创新科技中心、创意文化中心、创见资讯中心、创基投资中心等五大板块，优化集团职能部门的业务功能配置，优化各领导小组、委员会为基础的"同态调节器"配置，重新构建以"责任"为核心的、以战略管控和任务落实为目标的治理体系，强化资源互补、形成合力，更好地为实现集团新发展战略提供高效的组织保障。

关于文化管理，马利克认为，战略决定文化；结构表示一个组织的组织方式，文化决定人们的行为方式和结构的形式；管理者是组织文化的承载者、发动者和接受者，他们的日常行为创造了组织文化；公司经营策略为组织确定总体方向，文化又影响了这些策略的内容和执行方式；文化因素受外在环境影响很大，因此不可能很明确、清晰和格式化。公司文化发展自共同的（无论是积极还是消极的）标准、价值观和信仰，这些因素决定组织中各级员工的表现和绩效；文化也决定了一个组织中的每个成员以及整个组织的看法、信仰和行动。不要尝试去改变企业文化，而要去面对文化，利用它；强化变革中的文化管理，在管理层之间保证一个统一的对管理的认识和理解，同时又承认各自的不同，是十分必要的。

很多时候，文化观一改变，执行力马上有改观，责任和文化作用巨大。因此，文化再造有其突出的必要性。牡丹文化观的修订要特别明确以下问题：市场、客户和结果导向，专业、变革和绩效，意义、信任和责任。

为此，牡丹转型升级的新战略应该确定的修订原则是：适应北京市高精尖产业发展的现实要求，重点围绕科技和信息服务业，继续强力推进牡丹集团多中心、分散式、同心多元化的高质量转型发展策略，实施"互联网+""物联网+""人工智能+"行动计划，以"硅巷模式"和"软件定义一切"为发展平台和技术支撑，坚持创新发展，打造创新科技业务体系，重点发展智能显示服务和产品；坚持开放发展，打造创业孵化业务体系，重点发展智慧孵化服务和产品；坚持融合发展，打造创意文化业务体系，重点发展数字艺术服务和产品；坚持协调发展，打造智能资讯业务体系，重点发展新型数据资讯服务和产品；坚持绿色发展，打造"技术+平台+生态"发展模式，重点发展智能制造服务（IMS）和产品，力争把牡丹集团建设成为行业领先、国内知名的科技和信息服务的运营和解决方案提供商。

这应成为牡丹进入数字经济时代的重要战略支撑。

五　作风建设：让有效执行助力战略落地

战略确定后，要重执行，执行就必须改进作风。一切工作都要有习惯的养成，要有沟通的语境，这需要专业知识的准备，也需要平时工作作风的积累。工作中如果出现很多差错，就一定要问问自己，到底是命令下错了，战略出了问题，还是执行过程有问题，抑或我们的交流习惯、交流氛围没有养成？

我们也要经常思考这些问题："马利克提倡'贡献整体'，我们的干部员工对整个牡丹集团的整体贡献在哪里？你拿什么样的贡献来获得公司对你职业资源的支持？对你这位管理者的信任程度如何？"

"再说我们办事难，有多少扯皮、推诿的现象？你是问题和麻烦的制造者，还是解决方案的提供者？"

"管理部门要想一想，你对业务单元，到底提供了什么样的帮助和支持？业务单元也想一想，我们需要总部的管理部门为我们做哪些？我们又应该给他们做些什么？"

"我们是不是有这种情况，一件事一拖三个月，最后根本不知道任务跑哪里去了？"

"牡丹当前是否面临断崖式衰落的风险？如果是的话，是什么导致的风险？"

……

必须充分认识到，作风建设具有"蝴蝶效应"，在战略的执行过程中，良好的工作作风是有力保证，作风上的一点小偏差，都可能"失之毫厘谬以千里"。应该时刻注意到，断崖式衰落的风险都是日常小事积累起来的，工作作风必须要改进：工作指令传达接收要准确、及时，严格避免"指令是 A，听成了 B，做成了 C"；执行力、责任心必须要加强；要值得信任，也要负责地授权；要勇于做决策，也要在决策前谦逊吸取各方的意见或信息。

我们要特别重视中层干部队伍建设，必须看到，我们不怕存在问题，最怕的是发生问题不去改变。转型升级是一个非常艰难的过程。马利克学派总结转型战略时强调，"尽管在努力，但是可能失败"。他们总结了转型失败的 8 个文化方面的制约因素：第一，没有建立一个足够强大的紧迫意识；第二，没有建立一个足够强大的领导性的联合；第三，缺乏一个整体的愿景；第四，对愿景在很大程度上沟通不足；第五，没有为新的愿景排除障碍；第六，没有系统规划与获得短期成功；第七，过早地宣布成功；第八，没有把变革固定在企业的文化当中，风险意识缺乏。由此看来，我们需要深刻反思：我们是不是一直在讲要有一个足够强大的紧迫意识？是不是始终强调要建立一个足够强大的领导性的联合？是不是总是在强调整体？是不是对愿景、对问题总是在沟通？是不是也一直在排除很多障碍？包括思想方面的、制度方面的、科技人才方面的。当然，我们是否已经过早地宣布成功了？

一般说来，影响战略执行的因素主要集中在三个方面：第一，干部队伍工作状态存在哪些问题？如何改变？第二，市场体系建设存在哪些问题？应该怎么建设？第三，组织机构存在哪些具体问题？应该如何改进？

这些问题需要引起高度重视，更要警惕责任心风险、文化风险、信任风险、管理风险、团队建设风险、形象风险等，长远来看，还有能力风险、领导力风险、组织风险和任务风险。这些风险都有可能导致断崖式衰落，作风建设无论如何强调都不过分。

领导班子作风建设格外重要。第一，领导班子要团结，这是战略得以顺利执行的有力保障。杜绝拉帮结派、搞办公室政治；第二，加强学习，提高能力，做好表率，提高带兵打仗的能力；第三，领导班子成员要多深入一线了解情况，重在解决问题。要特别注意，不要总是满足于在办公室里"画圈圈"，"指挥官一定要深入到前线，听不见炮声，无法决策"。深入一线的作风建设要务实，提倡单独考察，杜绝大张旗鼓、前拥后簇。作风建设永远在路上。上司的错误归于上司本人，作为上司，永远要勇于承担责任。作为下属，要积极自省，看自己承担了什么责任。

必须确立我们的用人观：德与能集中统一于业绩之中，这是马克思主义二元论的一元论。因此，可以仿照古人，将每个人按照德与能的高低，划分为四类：第一类，德性高，能力强；第二类，德性高，能力差；第三类，德性低，能力强；第四类，德性低，能力差。第一类人很少，古时谓之"圣人"，要毫不犹豫地使用，但是，一般人都不具备这种修养；第二类人，古时谓之"君子"，虽然能力稍差，但因为德性高，要重点培养使用；第三类人，古时谓之"小人"，虽然能力强，但因为德性低，要坚决提防，谨慎使用；第四类人，古时虽称为"愚人"，但我们大多数人都在这个行列，因此，要正确使用在合适的岗位上。每个人的成长大致分为四个阶段：一是"想干"的阶段，对工作的理解处在理论化、概念化阶段；二是"试干"的阶段，工作中总是出现很多问题，因此，需要深入实际，调查研究，掌握情况；三是"能干"的阶段，即做正确的事的阶段；四是"干好"的阶段，即正确地做事的阶段。我们都应寻找自己所处的阶段，明确差距不足和未来努力的方向。

"人心惟危，道心惟微；惟精惟一，允执厥中。"无论是十九大提出建设现代化经济体系，还是国企改革深入推进，抑或北京市决定大力发展十大高精尖产业，所有这些，无不表明，牡丹集团的发展迎来了百年不遇的宝贵契机。在这样的历史机遇面前，牡丹全体干部和员工务必趁势而上，强化对发展战略的理解认识，切实转变作风、坚定信念，步调一致地迎接新时代、新挑战，为打造基业长青的新牡丹而不懈奋斗。

《牡丹宪章》说："道德品质的内省、市场竞争的战斗和享受成功的光荣，是牡丹人的三个灵魂。"历经风雨的牡丹人，一定能发扬优良传统，不惧艰险，勇攀高峰，如愿以偿，享受到成功的光荣！

　　这应该是牡丹这一代人的使命和责任！

2018 年 4 月

图书在版编目（CIP）数据

企业管理知识读本 / 北京牡丹电子集团有限责任公司编. -- 北京：社会科学文献出版社，2018.6
　　ISBN 978-7-5201-2771-4

　　Ⅰ.①企…　Ⅱ.①北…　Ⅲ.①企业管理－基本知识
Ⅳ.①F272

　　中国版本图书馆CIP数据核字（2018）第103593号

企业管理知识读本

主　　编 / 王家彬
副 主 编 / 韩　璐　牛义周　徐　倩　曲　辰
编　　者 / 北京牡丹电子集团有限责任公司

出 版 人 / 谢寿光
项目统筹 / 宋　静
责任编辑 / 宋　静

出　　版 / 社会科学文献出版社·皮书出版分社（010）59367127
　　　　　　地址：北京市北三环中路甲29号院华龙大厦　邮编：100029
　　　　　　网址：www.ssap.com.cn
发　　行 / 市场营销中心（010）59367081　59367018
印　　装 / 三河市东方印刷有限公司

规　　格 / 开　本：787mm×1092mm 1/16
　　　　　　印　张：11.75　字　数：173千字
版　　次 / 2018年6月第1版　2018年6月第1次印刷
书　　号 / ISBN 978-7-5201-2771-4
定　　价 / 198.00元